Schuller | Cicero. 100 Seiten

* Reclam 100 Seiten *

WOLFGANG SCHULLER, geb. 1935, ist Jurist und Althistoriker. Bis zu seiner Emeritierung 2004 war er Professor für Alte Geschichte an der Universität Konstanz.

Wolfgang Schuller

Cicero. 100 Seiten

Reclam

2018 Philipp Reclam jun. Verlag GmbH,
Siemensstraße 32, 71254 Ditzingen
Umschlaggestaltung: zero-media.net
Umschlagabbildung: FinePic®
Infografiken (S. 32 f., 68 f.): Infographics Group GmbH
Bildnachweis: S. 17 © akg-images / Fototeca Gilardi;
S. 92 © akg-images / De Agostini Picture Lib. / S. Vannini;
S. 93 © Staatliche Antikensammlung und Glyptothek München
(Foto: Renate Kühling)
Druck und Bindung: Canon Deutschland Business Services GmbH,
Siemensstraße 32, 71254 Ditzingen
Printed in Germany 2018
RECLAM ist eine eingetragene Marke
der Philipp Reclam jun. GmbH & Co. KG, Stuttgart
ISBN 978-3-15-020435-1

Auch als E-Book erhältlich

www.reclam.de

Für mehr Informationen zur 100-Seiten-Reihe:
www.reclam.de/100Seiten

Inhalt

Eine steile Karriere

Rom, nach Sonnenuntergang: Fackeln erhellen die Straßen und Plätze. Überall, in den Hauseingängen, auf den Dächern, stehen die Leute, Männer und Frauen, und jubeln den weißgekleideten Männern zu, wie sie sich auf das Forum zu bewegen, es überqueren und langsam die Stufen zum Kapitol hinaufsteigen, um den Göttern zu danken. Voran der Konsul Marcus Tullius Cicero. Er hat Rom vor einem blutigen Putsch gerettet. Vater des Vaterlandes wird er jetzt genannt.

Es folgen Niederlagen, es folgen Triumphe. Schließlich wird er nach zwanzig Jahren von Häschern eines politischen Feindes umgebracht. Sein Kopf und seine Hände, die Werkzeuge seiner Erfolge, werden zum Spott auf der Rednertribüne des Forums ausgestellt.

Junger Mann aus gutem Hause

Zurück auf Anfang: Ciceros Jugend verlief undramatisch. Der junge Mann glänzte wo immer zu glänzen war. Keine Eskapaden, keine erotischen, keine finanziellen, keine politischen, nur scheinbar mühelose, in Wirklichkeit durch Fleiß – den keine Mühe bleichet – errungene Erfolge. Alles schien nach althergebrachter Ordnung abzulaufen. Der hochbegabte junge Mann war 106 v. Chr. in eine wohlhabende ritterständische Familie des Landstädtchens Arpinum bei Rom hineingeboren worden – Ritterstand hieß diese zweitoberste Gesellschaftsschicht traditioneller Weise deshalb, weil ihre Angehörigen früher im Bürgerheer zu Pferde gedient hatten.

Cicero genoss die bestmögliche Ausbildung. Schon in der Schule hatte er Freundschaft mit Titus Pomponius geschlossen, der das ganze Leben hindurch sein Ur- und Erzfreund bleiben sollte; wegen seiner Neigung zu Athen und seiner Einbürgerung dort bekam er den zärtlich-wohlwollenden Zusatznamen Atticus, unter dem er bekannt wurde. Er war ein wahrer Freund, er tadelte an Cicero, was tadelnswert war, und Cicero ließ sich alles von ihm sagen. Viele von Ciceros Briefen an ihn sind erhalten und füllen heute noch einen umfangreichen Band; Atticus' eigene fehlen leider.

Nach der Schule durfte Cicero bei berühmten Rechtsgelehrten aus der uralten Familie der Mucii Scaevolae Jurisprudenz lernen, zunächst bei Quintus mit dem Zusatznamen Augur, dann bei dessen Verwandtem, ebenfalls Quintus, mit dem Zusatznamen Pontifex – auf diese Weise sind die römischen Namen zusammengesetzt: Der wichtigste Teil ist der Name des Geschlechts, Mucius oder Tullius, gegebenenfalls mit einer Spezifizierung, dem Beinamen – *cognomen* – Scaevola oder Cicero, dann der Vorname, Quintus oder Marcus, schließlich nicht selten ein individueller Zusatzname – Augur beziehungsweise Pontifex. Die Beinamen, nicht jede Familie hatte einen, hatten oft eine lange Tradition hinter sich. Die Scaevolae leiteten sich von dem Wort für die linke Hand her, die der Gründer des Geschlechts einmal ins Feuer gehalten haben soll, um seine Standhaftigkeit zu beweisen, die Bedeutung von Caesar ist mir nicht sicher, umso deutlicher die von Cicero. Das bedeutet eine Frucht, bei deren Nennung gerne gekichert wird, denn es ist die Kichererbse – allerdings ist es wohl eher umgekehrt: »Kichererbse« leitet sich vom lateinischen Wort *cicer* ab, das die Familie aus unbekannten Gründen verpasst bekommen hatte, ohne dass ans deutsche Kichern gedacht worden wäre.

Jedenfalls wussten beide Juristen, bei wem sich der Unterricht lohnen werde, bei Cicero gewiss. Man studierte Rechtswissenschaft nicht bei einer Institution, sondern nur bei tüchtigen und gelehrten Männern und auf private Einladung. Die jungen Herren durften zuhören, wenn ihnen ein solcher Jurist erlaubte dabei zu sein, beim Erteilen von Rechtsrat etwa oder bei Gerichtsverhandlungen. »Mein Vater hatte mich dem Augur Quintus Mucius Scaevola zur Unterweisung anvertraut, mit dem Wunsch, dass ich keinen Schritt von der Seite des greisen Lehrers wich. Nach seinem Tod schloss ich mich dem Pontifex Scaevola an. Er ist der Einzige, den ich in unserem Staat als den hervorragendsten Vertreter des Geistes und der Gerechtigkeit zu bezeichnen wage.« Bis ins hohe Alter wirkte diese Ausbildung bei Cicero nach.

Cicero blieb sein Leben lang kenntnisreicher Jurist, mit reichhaltiger Privatbibliothek zum Nachschlagen, wir werden Beispiele kennenlernen. Um jedoch von Beruf Jurist, also Anwalt, zu werden, musste noch etwas hinzukommen: die Praxis des öffentlichen Auftretens. Das lernte man bei Lehrern der Redekunst, der Rhetorik – damals war es eine Wissenschaft, ja eine Kunst, während wir sie heute bisweilen skeptisch als unsolide Schaumschlägerei ansehen. Sie war etwas weit Seriöseres, schon deshalb, weil Cicero nicht müde wurde, für den Rhetorenberuf die höchsten Anforderungen aufzustellen:

Nicht nur, natürlich, die manchmal ans Schauspielern grenzende Technik, sondern gründliche Fachkenntnisse in Jurisprudenz, Geschichte, Philosophie. Konnte ein Einzelner das überhaupt in sich vereinen? Cicero selbst schon!

Rhetorik wurde systematisch gelehrt und gelernt, es gab Lehrbücher – Cicero selbst verfasste dann auch eines –, wieder bei einzelnen Lehrern. Das waren Griechen, man lernte auf Griechisch, erst allmählich auf Latein, Cicero zunächst bei politischen Emigranten aus Griechenland in Rom, aber dann auch in Griechenland selbst, in Griechenstädten Kleinasiens (heutige Westtürkei) und auf Rhodos. Geschichte im Sinne einer Wissenschaft gab es nicht. Tatsachen musste man wissen, man musste sie parat haben und richtig einordnen. Schließlich kam die Krone aller Wissenschaften hinzu, die Philosophie. Auch sie lernte Cicero zunächst bei in Rom lebenden Griechen kennen – einer wurde später sein Hausgenosse –, dann erst in Griechenland, gleich in Athen; trotz politischem Abstieg war Athen immer noch oder wieder die Kulturhauptstadt der damaligen Welt. Für die Philosophie nun gab es Lehranstalten, die mit Universitäten verglichen werden können, vor allem die Akademie, wo Platons Philosophie gelehrt wurde, der Cicero sein Leben lang anhing. Vielversprechende – und das Versprechen oft haltende – junge Römer lernten aber auch den Wissenschaftskosmos des Aristoteles und von dessen Nachfolgern kennen, Epikurs Lebensphilosophie fand Adepten, der strenge Stoizismus fand besonderen Anklang bei Jünglingen, die es mit der aristokratischen Senatsherrschaft in Rom ernst meinten. Auch davon wird, in sehr politischem Zusammenhang, noch die Rede sein.

Bei Cicero lief also alles in geregelten Bahnen so, wie es sein sollte. Bei den scharfsinnigsten Juristen Roms und den berühmtesten griechischen Rednern und Philosophen lernte er, wurde ein kenntnisreicher, gewiegter Jurist und genialer Redner, der die Hörer im Gericht und in den politischen Instanzen in seinen Bann schlug. Auch als er Politiker wurde, blieb ihm das Glück gewogen, das der Tüchtige hat. Er gewann alle Wahlen durch die Volksversammlung zu den höchsten Ämtern – vom Quästor über den Ädil und den Prätor bis zum höchsten Amt, dem Konsul – immer im gesetzlich frühestmöglichen Alter und mit der höchstmöglichen Anzahl der Stimmen – und gelangte so in das Leitungsgremium des Staates, den rund 300 Männer umfassenden Senat. Als ehemaliger Ritter war er nun zwar Angehöriger der gesellschaftlich höchsten Schicht, des Senatorenstandes, war aber ein Neuling, ein *homo novus*, was ihm gelegentlich unter die Nase gerieben wurde. Daran änderte auch die Tatsache nichts, dass der Senatorenstand selbst aus zwei Gruppen bestand, dem Uradel, den Patriziern, und den in die Oberschicht integrierten mächtigen Plebejerfamilien. Gesellschaftlich, in Bildungsstand, im Vermögen und der sozialen Achtung bestand kein Unterschied zwischen diesen beiden Gruppen mit einem gelegentlich herausgekehrten hochmütigen Adelsbewusstsein; der Unterschied war ein alter Zopf, wurde aber in bestimmten Zusammenhängen immer beachtet. Dennoch: Ob Senatoren oder Ritter, in beiden Gruppen gab es Gebildete und Ungebildete.

Revolution und Reaktion

In scharfem Kontrast zu diesem friedlichen Aufstieg standen die politischen Ereignisse, eine blutige Aufwallung folgte, mit einigen Ruhepausen, auf die andere. Die Anfänge, ein Vierteljahrhundert vor seiner Geburt, kannte Cicero zwar nur aus Berichten und dem Gesprächsstoff der Erwachsenen, sie waren ihm aber ganz gegenwärtig: Gesellschaftliche und politische Missstände gab es zuhauf, und sie entluden sich seit dem Jahr 133 in öffentlichen Gewaltaktionen, mit einigen längeren Ruheperioden dazwischen. Das Volk wurde unruhig, ergriff jedoch nie die Initiative, sie lag immer beim Senatorenstand. Die Gesellschaft wurde durch das Klientelwesen zusammengehalten, also das gegenseitige und vererbte Treue- und Nutzverhältnis zwischen Angehörigen der Oberschicht, den Patronen, und den anderen römischen Bürgern, den Klienten.

Das aber geriet ins Wanken, die Senatsaristokratie begann vor den durch Roms Expansion immer komplexer werdenden Anforderungen von Politik und Krieg zu versagen, war teilweise sogar korrupt geworden, und zudem noch in sich gespalten. Die eine Richtung strebte einige Reformen volksfreundlichen Charakters mit Aufwertung der Volksversammlung an – ihre Anhänger nannten sich Populare, was oft nur Anspruch statt Wirklichkeit war. Die anderen fanden, es sei mit der faktischen Herrschaft des Senats doch alles einigermaßen in Ordnung, sie empfanden sich als der bessere, ja der beste Teil der Gesellschaft und ließen sich daher gerne Optimaten nennen (und das widersprach erst recht den Tatsachen).

Wenn es bei diesen bloßen Divergenzen geblieben wäre! Aber der Populare Tiberius Sempronius Gracchus, aus plebejischem Adel, wurde im Jahr 132, neben anderen, auf dem Forum Romanum erschlagen, zehn Jahre später beging sein Bruder Gaius als Opfer eines von Optimaten erklärten Staatsnotstandes öffentlich Selbstmord. Weitere Eruptionen folgten, und sie nun musste Cicero miterleben. Zunächst schaukelten sich

Populare und Optimaten gegenseitig in noch einigermaßen kontrollierter Weise hoch. Aber dann änderte sich das.

Gaius Marius – aus Arpinum und ritterständischer Herkunft wie Cicero –, sah die Chance seines Lebens darin, dass der Senat zunehmend vor außenpolitischen und militärischen Aufgaben versagte, auch aus Gründen der Korruption. Da konnte er, ein Soldat vom Scheitel bis zur Sohle, einspringen. Gegen die – ungeschriebene – Verfassung und gegen den Willen der hohen Herrschaften wurde er als vom Volk verehrter Populare jahraus, jahrein zum Konsul gewählt, besiegte nordafrikanische Potentaten und in Italien eindringende germanische Stämme, versagte dann aber doch durch eine falsche politische Entscheidung und musste Rom verlassen. Die Siege hatte er unter anderem dadurch erreicht, dass er gar nicht besonders darauf wartete, genügend Wehrpflichtige einziehen zu können. Er stellte einfach aus eigener Machtvollkommenheit Männer ein, gegen das Versprechen, sie nach Ablauf der Dienstzeit mit Land zu versorgen. Denn Bauern waren und blieben sie, und wem sie dafür dankbar waren, das war ihr bisheriger Chef, der nun zum Patron geworden war – und sie waren seine, jetzt allerdings militarisierten Klienten.

Dann liefen die Dinge aus dem Ruder, die entsetzlichen Ereignisse wurden zum lebenslangen Trauma Ciceros und bestimmten seine ganze Politik. Zum einen begehrten die Bundesgenossen in Italien auf. Absurd war es schon: Knapp die Hälfte Italiens gehörte gar nicht zum römischen Staat, sondern es waren vor Zeiten eingegliederte Einzelstädte, die nicht mitzubestimmen hatten, – aber römische Soldaten durften ihre Männer sein, militärisch genauso vorzüglich, rechtlich zweitrangig. Das wollte man sich nicht länger gefallen lassen. Auch sie wollten Römer sein, aber die Römer sahen das anders. Es kam zum inneritalischen Krieg, die Italiker machten schließlich einen eigenen Staat mit Volksversammlung, Senat, Ämtern wie in Rom auf und konnten nur dadurch besiegt werden, dass man sie doch allmählich eingliederte. Das verknotete sich mit den innerrömischen Konflikten der Popularen und Optimaten.

Marius war knorrig, was ja noch anging, aber er war auch rachsüchtig, und viele mit ihm. Nach der Rückkehr aus dem Exil errichteten vor allem er und dann der Populare Lucius Cornelius Cinna – nach früheren, von beiden politischen Richtungen betriebenen Exzessen – mit ihrem jeweiligen Anhang eine Terrorherrschaft, und vor allem sie war es, die Cicero miterlebt hatte. Immer wieder spricht er in seinen Schriften darüber. Straßen und Plätze wurden zum Schauplatz grauenhafter Blutbäder, Konsuln und andere führende Politiker wurden auf offener Straße erschlagen, zum Selbstmord gezwungen oder starben an den Folgen der Unruhen. Zwei Beispiele: Cicero sagt im Buch *Über den Redner* aus dem Jahr 55: »Der Kopf des Marcus Antonius war auf der Rednerbühne aufgesteckt, nicht weit von ihm lag Gaius Iulius Caesar Strabos Haupt, zusammen mit dem seines Bruders Lucius Iulius Caesar. Publius Licinius Crassus starb von eigener Hand, und das Blut des Quintus Mucius Scaevola Pontifex besprengte das Götterbild der Vesta«, bei der er, Ciceros juristischer Lehrer, im Jahr 82 – Cicero war 24 Jahre alt – Zuflucht gesucht hatte. Noch in den *Gesprächen in Tusculum* von 45 heißt es, Cinna habe »den Kopf seines Kollegen Gnaeus Octavius abhauen lassen, ebenso dem Publius Licinius Crassus, dem Lucius Iulius Caesar, dem Marcus Antonius, dem redebegabtesten Mann, dem Gaius Iulius Caesar Strabo, einem Muster der Bildung, des Witzes, der Liebenswürdigkeit und der Eleganz«.

Schließlich schuf der unheimliche, weil sowohl blutdürstige als auch kluge Optimat Lucius Cornelius Sulla Ordnung, nun andersherum. In einem ersten Anlauf zur Macht – noch zu Cinnas Zeiten, der später von den eigenen Soldaten erschlagen wurde, – eroberte er die Stadt Rom selbst, führte dann im Osten Krieg gegen den hellenistischen König Mithridates, musste sich ein populares Konkurrenzheer gefallen lassen, kam zurück und eroberte Rom ein zweites Mal. Jetzt ächtete er in dem auf ihn zugeschnittenen Amt des »Diktators zur Wiederherstellung des Staates« – *dictator rei publicae constituendae* – einerseits durch lange Listen, die Proskriptionen, seine politischen Gegner, die straflos umgebracht werden konnten und deren Vermögen an die Mörder fiel, andererseits reformierte er einigermaßen dauerhaft den Staat zugunsten des Senatorenstandes; vor allem schränkte er die Macht des Volkstribunats ein, also des Amtes, das traditionsgemäß als die Vertretung des einfachen Volkes galt, freilich immer von Männern aus dem Senatorenstand besetzt wurde. Das und anderes wurde später wieder zurückgenommen, geblieben ist das Abschreckende des Vorgehens Sullas, und daher galt in den folgenden Jahrzehnten: Keine Diktatur, keine Proskriptionen! Das waren die zentralen Gesichtspunkte in allen Auseinandersetzungen der Folgezeit, so heftig sie sonst auch waren.

Dennoch: Der junge Mann Cicero begab sich in aller Ruhe auf seine sehr zivile Laufbahn – und fiel auf.

Der Staranwalt in der Politik

Einem Sextus Roscius sollte wegen Vatermords der Prozess gemacht werden, er wandte sich Hilfe suchend an eine einflussreiche Freundin seiner Familie, die ihn an Cicero vermittelte. Ein Vertrauter des Diktators mit dem wenig Vertrauen erweckenden griechischen Namen Chrysogonus, »Goldkind«, war an den Proskriptionen reich geworden und versuchte nun, abermals einen Fischzug zu machen. Er hatte den Vater des Roscius umbringen lassen, sich dessen Vermögen angeeignet und versuchte jetzt, auch noch den Sohn des Opfers zu erledigen. Cicero verteidigte, erwies Chrysogonus als den Täter, Roscius kam frei. Das hatte Mut erfordert, ging aber gut, Sulla wollte wohl doch nicht durch solche Figuren kompromittiert werden. Erfolge häuften sich, Cicero konnte an eine politische Laufbahn denken.

Er wurde im Jahr 75 zum Quästor gewählt – die Quästur war das mit Finanzdingen befasste unterste Amt in der politischen Laufbahn – und füllte es anders aus als viele andere: Er war nicht korrupt. In Lilybaeum in der Provinz Sizilien arbeitete er so gewissenhaft, dass es sich herumsprach, und als ein paar Jahre später ein ungewöhnlich räuberischer römischer Statthalter auf Sizilien, Gaius Verres, wegen seiner Erpressungen in Rom vor Gericht kam, erinnerte man sich auf Sizilien an Cicero. Die geschädigten Städte baten ihn, sie als Ankläger zu vertreten; es gab keine staatliche Anklagebehörde, mit der Anklage wurden private Anwälte betraut. Die Verteidiger waren berühmte, erstklassige, politisch einflussreiche Leute, darunter der später mit Cicero befreundete Konsul von 69 Quintus Hortensius Hortalus. Cicero wagte es, gegen sie zu agieren. Er bereiste Sizilien, sammelte Material und Informationen und dann kam seine große Stunde – viele Stunden dauerte sie.

Er deckte auf, dass Verres schon als Prätor in Rom aus Geldgier das Recht gebeugt hatte, dass er den sizilischen Städten Kunstwerke, Geld und Geldeswert in der Weise raubte, dass er nicht nur sich bestechen ließ, sondern Geschenke von sich aus forderte, oder gar, dass eine seiner Geliebten, die Hetäre Chelidon, die Rolle der Mittelsfrau spielte und Rechtsuchende für die Taschen des Verres um Ämter und Geldsummen erpresste. Es war regelrechte Selbstverleugnung, dass Cicero die Redezeit seiner Plädoyers kürzte, um Zeugenvernehmungen abhalten zu können. Ein Zeuge nach dem anderen marschierte auf, und das Ergebnis war so verheerend für Verres, dass er noch vor dem Urteil die Flinte ins Korn warf, ins Exil ging und nie wiederkam. Cicero musste mangels Angeklagtem auf die Vorführung etlicher Sensationen verzichten, aber glücklicherweise hat er auch seine nicht gehaltenen Reden publiziert, sie sind erhalten, ein wahrer Pitaval der Korruption und des Verbrechens. Kein Wunder, dass er weiter aufsteigen konnte.

Ein reiner Tor, der abstrakte ethische Grundsätze verwirklichen wollte, war Cicero natürlich nicht. Durchaus bei Wahrung eines, sozusagen, ethischen Kernbereiches wusste er doch, wie man Wahlkämpfe gewinnen konnte, er wusste, mit wem er am günstigsten befreundet sein sollte, er suchte und fand Anschluss an die Macht und an Machthaber. Das zeigt sich in seiner ersten rein politischen Rede, die er als Prätor im Jahr 66 hielt. Er setzte sich für Gnaeus Pompeius ein. Der war als ganz junger Mann Sulla bei dessen Rückkehr mit einem komplett ausgerüsteten Heer von drei Legionen zu Hilfe gekommen, nicht als Inhaber irgendeines staatlichen Amtes, sondern als Sohn seines Vaters. Der ältere Pompeius, ein im Krieg gegen die abtrünnigen italischen Bundesgenossen siegreicher Konsul, wurde von seinen Soldaten verehrt, verschaffte ihnen Bauernstellen und begründete so ein enges Klientelverhältnis zu ihnen, wie es der Populare Marius vorgemacht hatte, nun aber als Optimat. Sein Sohn, ebenfalls Optimat, konnte sie dann wieder aktivieren und Sulla zuführen. Man kann es sich gut vorstellen, wie er die Männer aufrief, Pflug und Gespanne liegenzulassen und sich dem Sohn ihres alten Chefs zur Verfügung zu stellen!

Sulla, der doch einen ordentlichen Staat wiederherstellen wollte, nahm dankend an und siegte mit Hilfe des jungen amtlosen Pompeius. Dieser, ein persönlich ungewöhnlich sympathisches militärisches und organisatorisches Genie, wurde mit militärischen und politischen Positionen belohnt, löste sich aber nach Sullas Tod allmählich von dessen Politik. Er wurde aus dem Stand für das Jahr 70 zusammen mit einem anderen ehemaligen Sullaner, dem reichen Marcus Licinius Crassus, zum Konsul gewählt – und stellte das Volkstribunat wieder her. Auf Politik kam es ihm ja weniger an, umso mehr auf sich selbst und darauf, von den führenden Männern des Staates unübersehbar geachtet zu werden.

Wieder ergab sich eine Gelegenheit, durch die er sich nützlich machen und weitere Achtung erhalten konnte. Die Herren Senatoren, deren Herrschaft die Optimaten bewahren wollten, hatten nämlich wieder versagt. Jetzt ging es darum, dass der König Mithridates vom Königreich Pontus am Schwarzen Meer Roms Herrschaft im östlichen Mittelmeergebiet bedrohte und nach einigen halben Erfolgen Roms endgültig besiegt werden musste, nicht einmal Sulla war das bisher gelungen. Dass es bisher nicht gelungen war, lag zum Teil an dem Befehlshaber Lucius Licinius Lucullus, Konsul 74. Dieser hochkultivierte Aristokrat fand anscheinend nicht den richtigen Ton gegenüber den Raueres gewöhnten Soldaten, so dass er sie nicht in der nötigen Weise in der Hand hatte. Leider lebt Lucullus im neuzeitlichen Sprachgebrauch nur dadurch weiter, dass er auch, was die Tafelfreuden betraf, Erstklassiges förderte, eben Lukullisches. Allerdings ist es dann auch ihm zu verdanken, dass ein aus unseren Gärten nicht wegzudenkendes Obst nach Europa eingeführt wurde: Er brachte aus der Schwarzmeerstadt Kerasús die nach ihr benannte Kirsche mit.

Dass aber Pompeius, aller Intrigen ungeachtet, der richtige Mann für diese Aufgabe war, das legte Cicero in der Rede *Über den Oberbefehl des Pompeius – De imperio Gnaei Pompei* – vor der Volksversammlung dar. Er musste sich nicht verbiegen, Pompeius war wirklich der Bestgeeignete, und er hatte sich im Umgang mit Soldaten wahrlich bewährt. Natürlich war es ein Risiko, einem einzelnen Mann Generalvollmacht zu erteilen, zumal da im Falle des Gelingens die Folgen für dessen Stellung im Inneren nicht recht einzuschätzen waren – wie würden sich die Soldaten und wie würde er sich hinsichtlich der Soldaten verhalten? So lange war es ja nicht her, dass der Einsatz seiner Privatarmee zugunsten Sullas vergessen wäre. Aber Cicero brauchte nur das sachlich Zutreffende richtig darzulegen und zu versichern, dass sich Pompeius wegen seines guten Charakters anständig verhalten werde. Das Volk war überzeugt und erteilte die Vollmacht. Pompeius ging in den Osten, siegte und organisierte unaufhörlich; in Rom war er nicht.

Der Lohn für Cicero war das Konsulat im Jahr 63; seine ersten erhaltenen Briefe ermöglichen uns einen Blick in den Wahlkampf. Wieder wurde er zum frühestmöglichen Zeitpunkt gewählt, wieder mit sämtlichen Stimmen der Wahlkörper. Seinen undurchsichtigen Kollegen Antonius, den Sohn des so schändlich ermordeten Redners, konnte er ruhigstellen, er selbst amtete umsichtig, gegen Ende des Jahres kam seine große Stunde.

Geheime Briefe

Ein hochadeliger und persönlich verkommener Senator namens Lucius Sergius Catilina, der sich bei den Proskriptionen hervorgetan hatte, hatte es in der Folgezeit bis zum Prätor bringen können, aber bei Versuchen, zum Konsul gewählt zu werden, wollte es einfach nicht funktionieren, er fiel dauerhaft durch. Statt sich nun, wie es andere Herren, wenn auch zähneknirschend, in solchen Fällen zu tun pflegten, in das Unvermeidliche zu schicken, suchte er anderweitig Abhilfe. Es gab ja weitere halb und ganz Gescheiterte, zudem war er tief verschuldet, und auch da war er nicht der Einzige. Mit ihnen zusammen plante er einen Staatsstreich. Die im Amt befindlichen Konsuln sollten ermordet werden und weitere Gewalttaten sollten die Verschwörer an die Macht bringen, Catilina würde dann natürlich Konsul werden, ein aus Desperados zusammengewürfeltes Heer stand bereit.

Verschwörungen sind geheim, aber manches sickert doch durch. Cicero war einiges zugetragen worden, unter anderem, man liest es nicht ohne angenehmes Prickeln, durch die Geliebte eines der Verschwörer, eine adelige Dame mit dem Namen Fulvia. Cicero glaubte das, hatte auch Recht damit, aber wie sollte er es beweisen? Sollte er warten, bis zur Tat geschritten wird und es dann womöglich zu spät ist? »Ich habe erfahren«, konnte er nur ohne Quellenangabe sagen, man machte sich schon darüber lustig. Ihm blieb zunächst kein anderer Weg, als Catilina mit seiner Sprachgewalt im Senat einzuschüchtern. Vier seiner Reden in der Catilinarier-Affäre sind erhalten, gleich die erste vom 7. November 63 begann mit den berühmt gewordenen Worten: »Wie lange noch, Catilina, willst du unsere Geduld missbrauchen? Bis wann soll deine Tollheit uns noch verhöhnen? Wie weit wird zügellose Dreistigkeit sich noch vermessen? Spürst du nicht, dass deine Anschläge aufgedeckt sind?«

Das Bild, das sich daraufhin bot, wird gerne in Historienbildern festgehalten: Ein düster vor sich hin blickender Catilina, das Urbild des ertappten Verschwörers, sitzt allein auf der Bank, alle sind von ihm abgerückt. Und wirklich, er verließ Rom und ging zu seinem Heer; fast hat man Mitleid mit ihm, wenn man liest, er sei dort im zweifelhaften Schmuck seiner fiktiven Konsulwürde herumstolziert.

Es gab, wie im klassischen Theater, ein retardierendes Element im Ablauf der Ereignisse. Einige Senatoren, politisch durchaus auf der Seite Ciceros stehend, meinten, die Konsulwahlen für das nächste Jahr wegen Wahlbestechung anfechten zu müssen. Als einer der Konsuln war Lucius Murena gewählt worden, der bedeutende Jurist Servius Sulpicius Rufus war durchgefallen. Er focht zusammen mit Marcus Porcius Cato die Wahl an, der zwar gerade erst zum Volkstribun gewählt worden war, aber wegen seiner auf dem Stoizismus beruhenden ethischen Prinzipien ein großes moralisches Prestige hatte. Die Verteidiger waren aber unschlagbar: Hortensius, Crassus und Cicero, und sie obsiegten. Von Cicero wurde mitten in der Catilinarischen Krise einiges abverlangt, er behielt die

Cicero trägt dem Senat seine Anschuldigungen gegen Catilina vor, der isoliert rechts im Bild sitzt. Gemälde von Cesare Maccari (1840–1919). Hamburger Kunsthalle.

Nerven – unter anderem damit, dass er die großartigen Waffentaten Murenas dem eher kleingeistigen juristischen Formelkram des Sulpicius entgegenhielt, ein schönes Beispiel jahrtausendelanger Juristenkritik. Cato lächelte eher säuerlich und meinte: »Was haben wir doch für einen witzigen Konsul.« Murena wurde freigesprochen, Sulpicius und Cato blieben mit Cicero fest in Freundschaft verbunden.

Dann war Cicero das Glück günstig, und er hatte abermals die Nerven, den richtigen Gebrauch von ihm zu machen. Geheime Briefe waren abgefangen worden, von denen es schien, als sollten Mitverschwörer gewonnen werden. Sollte er sie öffnen, sie in diesem Zustand dem Senat zugänglich machen, auf die Gefahr hin, dass man sie für gefälscht erklärte? Oder sollte er es wagen, sie erst in der Senatssitzung zu öffnen? Wenn sich da herausstellen würde, dass sie harmlos waren,

(Cicero preist das Militär und macht sich – obwohl selber Jurist – über den Juristen Servius Sulpicius Rufus und über den juristischen Formelkram lustig; Für Murena, 24–26:)

»Das größte Ansehen genießen diejenigen, die sich durch kriegerischen Ruhm auszeichnen. ... Von alledem findet sich bei eurem Handwerk nichts, Sulpicius. Erstens kann eine so enge Wissenschaft kein Ansehen haben; es geht nämlich um kleine Dinge, die sich beinahe in einzelnen Buchstaben und in Worttrennungen erschöpfen. ... Das sabinische Grundstück gehört mir. – Nein, mir. – Das Grundstück, das in der Mark liegt, welche die sabinische genannt wird. – Von dem behaupte ich, dass es nach dem Recht der Quiriten mein Eigentum ist. – Ich rufe dich, von dort aus und dort dem Rechte gemäß um das Grundstück zu streiten. – Von wo aus ich dem Recht gemäß nach deinem Ruf um das Grundstück streiten soll, von dort aus und dort rufe ich dich meinerseits. – Ich weise in Anwesenheit der Umstände beider Parteien diesen Weg; beschreitet den Weg! – Kehrt den Weg zurück!«

wäre seine politische Stellung und vor allem wäre er selber für alle Zeit ruiniert gewesen. Er setzte alles auf eine Karte, öffnete die Briefe vor den versammelten Senatoren und konnte aufatmen. Da stand es schwarz auf weiß: Die Empfänger wurden in deutlichen Worten aufgefordert, am Putsch mitzuwirken.

Nun war alles klar. Catilina selbst war zwar schon nicht mehr da – er wurde bald darauf militärisch besiegt und fiel im Kampf –, aber der fünf wichtigsten Mitverschwörer wurde man habhaft, alles vornehme Herren. Sie kamen in das Staatsgefängnis am Fuß des Kapitolhügels. Aber wie sollte man mit ihnen verfahren? Es gab eine Diskussion im Senat, die in ihrem Verlauf gut dokumentiert ist und die im Übrigen auch deshalb alle Glaubwürdigkeit für sich hat, weil sie ein Musterbeispiel für alle Diskussionen dieser Art bis auf den heutigen Tag ist. Sie verlief nämlich nicht geradlinig, deshalb wird hier über sie berichtet.

Die Rechtslage allerdings war nicht einfach. Zwar hatte der Senat bereits den Staatsnotstand erklärt gehabt, der Cicero zu sämtlichen auch strengsten Maßnahmen ermächtigt hatte, diese Ermächtigung kollidierte aber mit der Regelung, dass römischen Bürgern bei einem Todesurteil die Berufung an das Volk zustand. Daher fragte Cicero sicherheitshalber noch einmal nach, und darüber ging die Diskussion. Im Senat herrschte eine genaue Geschäftsordnung, die die Reihenfolge der Wortmeldungen festlegte. Als Erster sprach der für das nächste Amtsjahr gewählte andere Konsul Decimus Iunius Silanus, der Ehemann einer Servilia, von der wir noch hören werden. Er plädierte für die Höchststrafe, das verstanden alle Folgenden als die Todesstrafe und schlossen sich ihm an. Dann endlich kam die Reihe an einen Mann, der noch nicht einmal zum Prätor gewählt worden war, Gaius Iulius Caesar, und er leistete sich auch jetzt, wie so oft, eine abweichende Ansicht. Zum einen widerspreche der Vollzug einer Todesstrafe dem Recht auf Berufung, zum anderen wolle er das keineswegs als abwegige Milde verstanden wissen, sondern plädiere für eine noch härtere Strafe: Hausarrest auf Lebenszeit.

Jeder, der einige Erfahrungen mit dem Ablauf von Diskussionen hat, kann sich denken, dass sich die nächsten Redner dem Vorredner anschlossen, also keine Todesstrafe, sondern

Verteilung auf einzelne vornehme Häuser; ja, Silanus verkündete sogar, genau das habe er mit der Höchststrafe gemeint. Dann aber sprach Marcus Porcius Cato, und er brannte ein Feuerwerk von Vorwürfen ab: Die Vorredner seien einfach feige, hätten nicht den Mumm, klare Entscheidungen zu treffen, und selbstverständlich hätten diese Verbrecher die Todesstrafe verdient. Nun wieder der Dominoeffekt, alle kippten wieder um, zurück zum Anfang: Todesstrafe. Cicero hatte vorher eher vorsichtig gesprochen, jetzt hatte er Rückendeckung.

Er gab den Befehl zur Hinrichtung; sie fand schrecklicherweise durch Erdrosseln statt, und dann sprach Cicero zum Volk. Vier Reden von ihm in dieser Angelegenheit sind überliefert, zwei an den Senat, zwei an das Volk. Jetzt rief er in altrömischer Knappheit dem Volk nur ein Wort zu, in der dritten Person Plural des Indikativs Perfekt:

VIXERVNT – SIE HABEN GELEBT!

Das Volk raste vor Begeisterung, man ging nach Hause, dann folgte die am Anfang dieses Buches geschilderte Szene.

Cicero hatte also Rom vor einem blutigen Putsch gerettet, wurde entsprechend geehrt und konnte durchaus der Ansicht sein, nun sei er der führende Mann. Jetzt aber verließ ihn sein taktisches Geschick, sein stark entwickeltes Selbstbewusstsein spielte ihm erstmals einen schlimmen Streich: Es gab ja noch Pompeius. Der hatte immerhin inzwischen den ganzen Osten für Rom gewonnen und in kluger Weise durchorganisiert und war im Jahr 62 dabei, als ruhmbedeckter Feldherr, hochverehrter Chef einer kampfgestählten Truppe und nationale Ikone nach Rom zurückzukehren. Und da besaß Cicero die Tolpatschigkeit, Pompeius seine Erfolge mitzuteilen und in aller

Harmlosigkeit zu meinen, was Pompeius militärisch erreicht habe, finde sein Gegenstück in Ciceros Taten. Ja, er trieb diesen Vergleich weiter und stellte seine Heldentaten sogar über die des Pompeius, denn in einem autobiographischen Gedicht schrieb er, »die Waffen sollten gegenüber der Toga zurücktreten« – *cedant arma togae* –, also militärische Errungenschaften des Pompeius hinter den zivilen Ciceros (im Prozess gegen Murena hatte es noch umgekehrt geklungen). Pompeius und seine Anhänger in Rom hörten das nicht gerne und handelten entsprechend. So begann Ciceros Sturz.

Die Anfänge erlebte Cicero noch am Ende seiner Amtszeit, was er freilich zu einer schlagfertigen Pointe nutzen konnte. Der pompeisch gesonnene Volkstribun Quintus Caecilius Metellus Nepos hatte ihm vorgeworfen, die fünf Catilinarier zu Unrecht hingerichtet zu haben, weil er ihnen keine Berufung gewährt hatte; er verbot Cicero sogar die Rechenschaftsrede vor der Volksversammlung. Schnell funktionierte Cicero seinen Amtseid um, den er abschließend zu schwören hatte und brachte darin all das unter, was er in der Rede gesagt hätte – das Ergebnis war, dass das Volk in einem gewaltigen Chor mit ihm zusammen die formelle Eidesformel nachsprach, eine grandiose Szene.

Allerdings hatte sie noch ein Nachspiel. Cicero bekam einen Brief von Quintus Caecilius Metellus Celer, Konsul im Jahr 60. Der beschwerte sich darüber, dass Cicero sich über jenen Volkstribun Metellus spöttisch geäußert habe. Was es genau war, weiß man heute nicht mehr, wohl aber sind Ton und Inhalt des Briefes deutlich. Er ist eisig, ostentativ kurz und sagt, Cicero habe die Würde der Familie verletzt, *dignitas nostrae familiae*. Sehr viel länger ist der Antwortbrief Ciceros, und obwohl er gewirkt zu haben scheint, klingt er doch beflissen und aus der Defensive heraus geschrieben. Jedenfalls herrschte bald wieder Einvernehmen. Man sieht also, wie eine hochadelige Familie dem Neuling gelegentlich zeigte, wohin er gesellschaftlich gehörte. Womöglich hat das, was jetzt folgt, etwas damit zu tun.

Stolzgeschwellt

Sein Leben lang hatte Cicero nämlich die große Schwäche gehabt, nicht nur sehr hoch von sich zu denken – dazu hatte er ja allen Grund –, sondern diese Selbsteinschätzung auch herauszuposaunen, und das befremdete doch nicht wenige Zeitgenossen. Das war umso peinlicher, als man sonst in der Antike im Allgemeinen wenig dagegen hatte, wenn jemand selbstbewusst sich und seine eigenen Leistungen herausstrich; das Ideal der christlichen Demut hat in der nachantiken Zeit andere Verhaltensweisen bis hin zur Heuchelei zur Folge gehabt. Aber Cicero übertrieb. Insbesondere sein Sieg über die Catilinarier bot ihm nur allzuviel Gelegenheit, diese Großtat auch anderen mitzuteilen, wobei es gelegentlich nicht ohne – man traut sich kaum, das ausgerechnet bei Cicero zu sagen, – nicht ohne Naivität abging. So schrieb er auf Griechisch einen ausführlichen Bericht über diese Ereignisse, schickte ihn seinem Rhetoriklehrer Poseidonios nach Rhodos und legte ihm nahe, das als Material für ein eigenes Buch zu verwenden; Poseidonios war so klug, in scheinbarem Lob zu erwidern, Ciceros eigener Text sei so makellos, dass auch er ihn nicht verbessern könne, und Cicero nahm das tatsächlich für bare Münze. Leider hatte ihn niemand daran gehindert, sogar ein veritables Epos über sein Konsulat in lateinischen Hexametern zu dich-

Der Konsul Cicero berichtet dem Volk vom Sieg über die Catilinarier und seine Verdienste dabei:

»Der Staat und euer aller Leben, euer Hab und Gut, eure Frauen und Kinder sowie dieser Wohnsitz des herrlichsten Reiches, die gesegnetste und schönste Stadt, all dies wurde am heutigen Tag durch die unsterblichen Götter, die euch ihre übergroße Liebe erzeigten, sowie durch meine Mühen, Vorkehrungen und Fährnisse der Flamme und dem Schwert und fast dem Rachen des Schicksals entrissen und euch erhalten und wiedergegeben ...; wir haben das Feuer gelöscht, das fast schon die ganze Stadt, die Tempel und Heiligtümer, Häuser und Mauen von allen Seiten ergriff; wir haben ebenfalls die Schwerter zurückgestoßen, die gegen den Staat gezückt waren, und ihre Spitzen von euren Kehlen weggeschlagen. Dies wurde im Senat ans Licht gebracht, bekanntgegeben und genau ermittelt, und zwar durch mich.«

Dritte Catilinarische Rede, 1–3.

ten, das anscheinend von peinlichem Selbstlob überquillt und womöglich zu Recht verloren gegangen ist.

Zu unserer Erleichterung kann aber festgestellt werden, dass Cicero manchmal selbst ein bisschen über seine Schwäche lächeln musste. So bat er den Historiker Lucius Lucceius, die Geschichte seines, Ciceros, Konsulat zu schreiben, und über diese Bitte schämte er sich doch etwas, denn er begründete die Tatsache, dass er das brieflich tat und ihn nicht persönlich fragte, damit, dass ein Brief ja nicht rot werden könne, *epistula non erubescit.* Besonders anschaulich erzählt er, bei einer Rede, in der er mit Eigenlob nicht sparte, habe sich einer der zuhörenden Senatoren so merkwürdig verhalten, er habe immerzu Unverständliches zwischen den Zähnen hervorgepresst. Andere hatten das gut verstanden und waren sehr gerne bereit, es Cicero zu hinterbringen: Dieser Mann habe, sich vor Qualen windend, immer gemurmelt, er könne dieses Sich-Spreizen einfach nicht mehr ertragen. Aber dann zeugt Ciceros Gegenfrage doch von einiger, nun denn, noch einmal, Naivität: Ja, aber, wenn es doch wirklich so großartig war, was ich geleistet habe …?

Gegenwind

Allmählich ging es nicht mehr im gewohnten Gleichmaß. Die Konstellationen änderten sich, der Wind drehte. Pompeius hatte bei seiner Rückkehr aus dem Osten als selbstverständlich erwarten können, dass seine dortigen Regelungen als letzten formellen Abschluss die Billigung des Senats finden würden. Er hatte sich aber unvorsichtiger Weise an ein verfassungsmäßiges Vorgehen gehalten und sein Heer entlassen und es nicht etwa wie zu Sullas Zeiten als Machtmittel eingesetzt. Der Senat, der das befürchtet hatte, war erleichtert, begann sich zu zieren, und Pompeius, kein Politiker, saß hilflos da. Da erschienen Helfer auf dem Plan, zwei Männer, die wie er Unterstützung brauchten. Das waren der alte optimatische Kampfgefährte Crassus und der junge Populare Caesar, der bisher vor allem durch allerlei politisch Nonkonformes aufgefallen war. Jeder von ihnen hatte die Absicht, es Pompeius gleichzutun und mit einem auswärtigen Kommando an Ruhm, Macht und Vermögen zu kommen. Anders als bei Pompeius bot sich im Moment keine Notwendigkeit für so etwas, aber das würde man schon hinbekommen, wenn man einander half. Und so geschah's; der Bund wurde noch dadurch gefestigt, dass Pompeius Caesars Tochter Iulia heiratete, was entgegen den Erwartungen (der Altersunterschied betrug immerhin etwa 25 Jahre) eine Liebesehe wurde.

Zuerst blieb alles geheim, auch Cicero hatte keine Ahnung, erst allmählich sickerten die lichtscheuen Pläne durch. Natürlich sollten die Regelungen im Osten gebilligt werden, dazu sollte Caesar Konsul werden und anschließend ein Kommando bekommen, und so etwas sollte auch Crassus zugeschanzt werden. Die Regelungen wurden gebilligt – warum nicht gleich so? –, Caesar wurde im Jahr 59 durch die vereinten Anhängerschaften der drei Männer Konsul. Allerdings waren sie doch nicht allmächtig, ihr anderer Kandidat Lucius Lucceius fiel durch und Mitkonsul wurde Marcus Calpurnius Bibulus, ein verhärteter Optimat, der nun gar nicht willens war, nach der Pfeife dieses Dreibundes zu tanzen. Er sabotierte alles, was Caesar vorhatte, darunter durchaus Vernünftiges. Caesar war nur zu schnell bereit, gegen ihn physische Gewalt anzuwenden, so dass sich Bibulus zu Hause verschanzte und religiöse Bannsprüche vom Stapel ließ. Noch ließ Caesar das kalt, jedoch sollte sich, ähnlich wie bei Ciceros Hinrichtung der Catilinarier, zeigen, dass diese Gewaltakte und sonstigen Vergehen bei Gelegenheit hervorgeholt werden konnten, um gegen ihn eingesetzt zu werden. Zum Schluss bekam Caesar ein Kommando, um Unruhen im dem römischen Staatsgebiet benachbarten Gallien zu beenden, und er verließ Rom (er eroberte letztlich ganz Gallien); Ciceros Bruder Quintus diente ihm in Gallien eine Zeitlang als Unterfeldherr. Cicero betrachtete alles mit wachsendem Unbehagen.

Schlimmer als der Tod

Mit einer Burleske war es nach Ciceros Konsulat zunächst weitergegangen. Im Jahr 62 hatte ein verwöhnter junger Angehöriger des Senatorenstandes, Publius Clodius Pulcher, nichts Besseres zu tun, als sich in Frauenkleidern in das nur Frauen vorbehaltene religiöse Fest der Bona Dea einzuschleichen, und wurde ertappt. Eigentlich hieß er Claudius, stammte aus patrizischem Geschlecht, nannte sich aber in volkstümlicher Aussprache Clodius, seine Schwester, von der wir noch hören werden, Clodia. Er wurde wegen dieses Religionsdeliktes angeklagt und benannte unvorsichtiger Weise Cicero als Entlastungszeugen: Er habe das gar nicht tun können, weil er ein Alibi habe, er sei außerhalb Roms bei Cicero gewesen. Das war nun nicht so, Cicero sagte das aus, und obwohl Clodius, durch Bestechung, freigesprochen wurde, entwickelte er wegen der Sache einen tiefen Hass auf Cicero. Der verstärkte sich noch dadurch, dass Cicero ihn gelegentlich seinen Spott fühlen ließ. Clodius war mit 31 zu 25 Stimmen freigesprochen worden, was Cicero in einem Rededuell mit Clodius so ausdrückte, dass auch die 31 der Sache nach gegen Clodius gewesen seien, weil sie erst mit Geld hätten gekauft werden müssen.

Clodius hatte den Plan, sich zum Volkstribun wählen zu lassen und in dieser Eigenschaft ein Gesetz durchzubringen, das Cicero wegen der Exekution der Catilinarier ins Exil treiben sollte. Er hatte nicht wenige Fürsprecher, die wichtigsten fehlten noch: die Männer des Dreibunds. Sein Problem war, dass er aus einem patrizischen Geschlecht war und daher nicht Volkstribun werden konnte, weil dieses Amt nur Plebejern offenstand. Da beging Cicero die Unvorsichtigkeit, in einer Rede Kritik am Dreibund zu üben, und Pompeius und Caesar reagierten hart und gezielt. In einer Blitzaktion wurde Clodius von einem Plebejer adoptiert, als Neu-Plebejer zum Volkstribun gewählt und konnte so das Gesetz einbringen.

Jetzt verlor Cicero die Nerven. Die politische Konstellation hatte sich grundlegend gewandelt, kaum jemand setzte sich für Cicero ein, er schlich sich nachts aus Rom und ging noch vor der endgültigen Entscheidung heimlich ins Exil nach Thessaloniki; die Banden zerstörten sein Haus auf dem Palatin, das danebenstehende auch – das seines Bruders. Exil war für einen römischen Senator des Demütigendste, was ihm geschehen konnte, in der sozialen Wertung schlimmer als die Todesstrafe. Cicero nahm diesen Schicksalsschlag aber nicht mit der von einem Senator erwarteten ruhigen Kühle auf, sondern, abermals hochnervös, jammerte brieflich und in Gesprächen in einer derart exzessiven Weise, dass ihn Atticus mahnen musste, doch etwas fester zu sein, und ihm sogar schrieb, in Rom zweifelten manche an seinem Verstand.

Aber, siehe da, erneut änderte sich die Lage. Clodius hatte es durch die Aufstellung einer gewalttätigen Bande, die auf sein Kommando hörte und zahlreiche Gewaltakte beging, doch allmählich zu weit getrieben. Er konnte zwar den Eindruck erwecken, es handele sich um soziale Bewegungen – und einige glauben auch heute noch daran –, aber als er später umkam, hörte alles auf, so dass klar war, dass die treibende Kraft doch nur er war.

Immer mehr Senatoren sprachen für Cicero, sogar Pompeius setzte sich öffentlich für ihn ein, auch mit dem durchaus modernen Argument, ein Gesetz, das nur auf eine Person zugeschnitten war, sei illegitim. Caesar in Gallien widersprach nicht, und so wurde Cicero nach anderthalb Jahren Exil durch fast einstimmigen Senatsbeschluss – nur Clodius stimmte dagegen – zurückgerufen. Seine Rückkehr gestaltete sich zu einem Triumphzug durch Italien und endete in Rom ähnlich wie nach dem Sieg über die Catilinarier.

Licht, Entzücken, Anmut

Das Elend des Exils und der moralische Tiefpunkt, in den es Cicero gestürzt hatte, wird dadurch deutlich, wie er sich seiner Familie gegenüber verhielt. In den Briefen aus dem Exil lesen wir, wie er nicht aufhörte, sich an die Brust zu schlagen und sich anzuklagen, dass allein er es gewesen sei, der durch sein Verhalten alle Familienmitglieder mit in den Abgrund gerissen habe. Gewiss lag die Intensität dieser Gefühle an der Exilsituation, aber immer schon war Cicero ein guter, ja leidenschaftlicher Familienmensch gewesen, der der Gattin, den beiden Kindern, auch seinem Bruder Quintus sehr herzlich, ja überschwänglich begegnete. Von allen ist ausgiebig in Ciceros Korrespondenz die Rede, sei es in den Briefen an Atticus, an die Nahestehenden – *Ad familiares* –, sei es in den Schreiben an den Bruder Quintus, *Ad Quintum fratrem* (die Sammlung enthält auch Briefe von Quintus).

Terentia und er hatten nach dem Jahr 80 geheiratet. Vielleicht kann schon aus ihrem Namen geschlossen werden, dass sie aus senatorischem Hause stammte, jedenfalls war eine Halbschwester eine hochadelige Fabia, die als Priesterin der Vesta amtierte. Terentia war wohlhabend, reicher als Cicero – man lebte in Gütertrennung –, half ihm wohl gelegentlich aus und beriet ihn auch sonst in vielen Angelegenheiten. Sie erledigte auch solche Bitten, bei denen es darum ging, dass sie in

Verhandlungen mit anderen Frauen besser am Platze war als Cicero selbst. Mein Licht, *mea lux*, nannte Cicero sie nicht nur im Exil, und so kühl sich römisches Eheleben in der Regel gab, so ist es doch wohl so gewesen, dass beide ein enges Nahverhältnis miteinander verband. Dazu trugen auch die beiden Kinder bei. Schließlich schied sich Cicero gegen Ende seines Lebens noch von ihr – man ließ sich nicht scheiden, sondern jeder Ehepartner konnte den anderen von sich aus verlassen –, über eine nicht weiter geklärte Geldsache, man hört es nicht gerne. Er heiratete noch einmal, eine reiche junge Frau, die er vernachlässigte, und auch Terentia heiratete wieder; sie ist sehr alt geworden.

Tullia – Frauen hatten keine besonderen Vornamen, und auch von männlichen gab es nur wenige verschiedene – wurde 76 geboren und war als seine Tochter von Anfang an die große, bleibende Liebe Ciceros. Sie war anscheinend noch reizender als es kleine Töchter ohnehin sind, Cicero hört nicht auf, sie mit Kosenamen zu nennen, vom Diminutiv Tulliola angefangen bis hin zu Ausrufen wie *»mein Entzücken«, deliciae nostrae*. Ihr ganzes Leben hindurch stand sie ihm besonders nahe, sie war ihm in ihrer Erscheinung, in den Gesichtszügen, in der Art zu sprechen und auch im Wesen ähnlich, sie war außergewöhnlich klug, verkehrte mit den politischen Freunden des Vaters und beriet ihn erfolgreich mit praktischen Ratschlägen. Mit ihren Ehen hatte Tullia wenig Glück. Gesellschaftlich war es jeweils ein Erfolg, aber der erste Ehemann Gaius Calpurnius Piso Frugi starb, die zweite Ehe mit Furius Crassipes ging auseinander, und vom dritten, dem charmanten Schuft Publius Cornelius Dolabella trennte sie selbst sich völlig zu Recht, wir müssen leider noch von ihm hören. Sie starb, schon nach der Scheidung, im Kindbett, und ihr Tod war einer der ganz großen Schicksalsschläge für Cicero, auch davon wird noch berichtet.

Auf den Sohn Marcus, etwa zehn Jahre nach Tullia geboren, setzte Cicero große Hoffnungen. Die Geburt kündigte er Atticus scherzend in pompösen Ton einer offiziellen Mitteilung an:

> L. IVLIO CAESARE C. MARCIO FIGVLO CONSVLIBVS FILIOLO ME AVCTVM SCITO SALVA TERENTIA
>
> »Wisse, dass mir unter den Konsuln Lucius Iulius Caesar und Gaius Marcius Figulus ein Söhnlein geboren wurde. Terentia geht es gut.«

Zärtlich nennt er den kleinen Mann ein honigsüßes – *mellitus* – oder anmutigstes – *venustissimus* – Wesen, oder, auf Griechisch, den Winzling – *mikrós* –, oder sogar den Philosophen, *philósophos*, oder, ebenso verpflichtend, den Alleraristo-

Mellitus – Honigsüßer

Tulliola – kleine Tullia

Deliciae nostrae – mein Entzücken

Venustissimus – Anmutigster

Ciceros Kosenamen für seine Liebsten

Aristokratikótatos – Alleraristokratischster

Mikrós – Winzling, Kleiner

Mea Lux – mein Licht

Philósophos – Philosoph

Der Emporkömmling – hat ausgesorgt

Cicero werden 11 Landvillen zugeschrieben – nebst einigen weiteren Landwirtschaftsbetrieben.

Dazu hatte er ein Stadthaus in Rom …

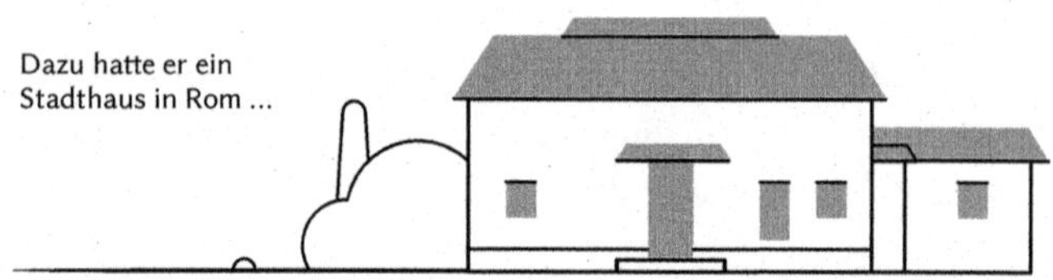

… und mehrere vermietete Immobilien in den Armeleutevierteln Roms.

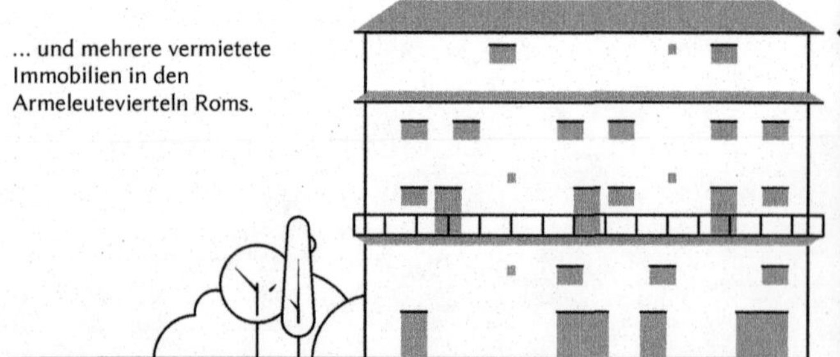

Nebenbei bemerkt:
Als Anwalt durfte Cicero kein Honorar nehmen, nur »freiwillig« gegebene Geschenke.

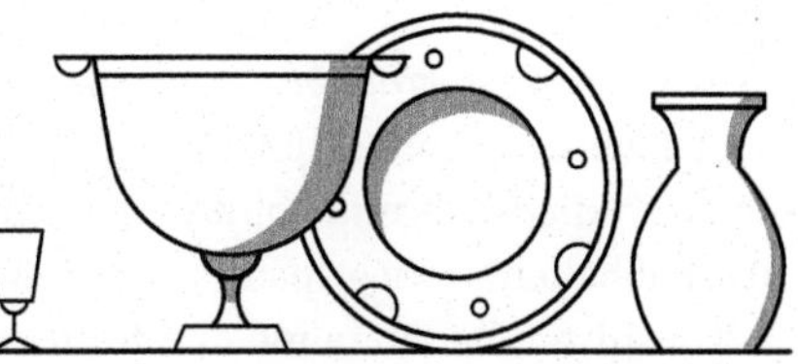

Cicero kaufte einen Tisch aus Zitrusholz

500 000
Sesterzen

Geldspritze von Atticus während seiner Verbannung 57 v. Chr.

250 000
Sesterzen

Ein Jahr Studium seines Sohnes in Athen

80 000
Sesterzen

Cicero kassierte 80 000 Sesterzen Miete pro Jahr. Allerdings gehörten die Mietshäuser in Rom seiner Frau Terentia – nach der Scheidung 47 oder 46 v. Chr. fiel diese Einnahmequelle für Cicero also weg.

Mieteinnahmen pro Jahr

80 000
Sesterzen

Zum Vergleich: geschätztes Einkommen eines Arbeiters in Rom pro Jahr

1200
Sesterzen

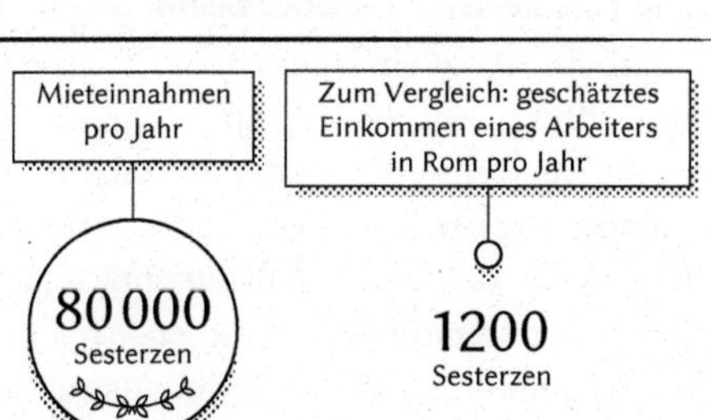

kratischsten, *aristokratikótatos*. Die darin ausgedrückten Hoffnungen wurden kaum erfüllt. Marcus studierte in Athen, leistete Kriegsdienst – kaum konnte Cicero ihn vom Anschluss an Caesar abhalten –, stieg später unter Augustus zum nominellen Konsul auf, heiratete nie und führte das kinderlose Leben eines grämlichen alten Hagestolzes.

Mehr bekannt ist von der Familie von Ciceros jüngerem Bruder Quintus. Außer in den Briefen tritt Quintus auch in Dialogen seines Bruders auf. Seine Ehe mit Pomponia, der Schwester des Atticus, hätte wegen der persönlichen Nähe alle Aussichten gehabt, glücklich zu werden, war es aber nicht; eheliches Hickhack scheint eine große Rolle gespielt zu haben, selbst vor den Ohren anderer. Auch mit beider Sohn gab es Ärger. Er war begabter als sein Cousin Marcus, aber auch unverträglicher. Immer wieder gab es Konflikte mit seinen Eltern und mit seinem Onkel, der sich manchmal drastisch über ihn äußerte, teilweise schloss sich der junge Quintus in ostentativ illoyaler Weise Caesar an.

Zwischen Cicero und seinem Bruder Quintus herrschte nicht ständig Harmonie, im Allgemeinen aber standen beide Brüder gut miteinander und halfen sich politisch. Quintus brachte es bis zum Prätor, Konsul zu werden, lag nicht in seinem Lebensplan, er war drei Jahre lang Statthalter in der Küstenprovinz Asia; ein langer Brief Ciceros an ihn, eher eine Art Abhandlung, legt die Prinzipien ehrenhafter Verwaltung dar, wie dieser selbst sie später in Kilikien praktizieren sollte. Quintus war lange ein tüchtiger Unterfeldherr Caesars in Gallien, konnte daher seinen Bruder mit seinen militärischen Fähigkeiten unterstützen, als dieser später gegen wilde Stämme kämpfen musste, aber das Verhältnis zu Caesar war der Anlass zu einem Bruch, der glücklicherweise nicht anhielt: Quintus hatte seine spätere vorübergehende Zugehörigkeit zu den Pompeianern damit begründet, dass er von seinem Bruder verführt worden sei, aber die Brüder fanden wieder zueinander. Und schließlich war nicht nur Marcus Opfer der Proskriptionen des Jahres 43, auch Vater und Sohn Quintus Cicero wurden umgebracht.

Mittelfeld, vorne

Nach der Rückkehr aus dem Exil hielt Cicero überschwängliche Dankesreden, in denen er auch versuchte, das Klägliche zu vertuschen, mit dem er vorzeitig die Flucht ergriffen hatte. Das kann man vielleicht menschlich verzeihlich finden, wenn das Kategorien für uns Heutige sein sollten, in zwei anderen Fällen aber gelingt es nicht jedem, Verständnis nach dem Gesichtspunkt aufzubringen, andere Länder und andere Zeiten hätten eben andere Sitten. Dennoch: Im Jahr 58 waren zwei Männer in das Konsulat gelangt, die trotz demütigenden Flehens – Tullia hatte sich dem einen zu Füßen geworfen – auch nicht den kleinsten Finger gerührt hatten, um Cicero das Exil zu ersparen. Beide waren durch die massive Unterstützung der Mächtigen in das Amt gelangt, Aulus Gabinius, Gefolgsmann des Pompeius, und Lucius Calpurnius Piso Caesoninus, der Schwiegervater Caesars. Über beide ergoss sich Ciceros Zorn, über Gabinius bald nach der Rückkehr, über Piso mit zeitlichem Abstand, daher umso schwerwiegender. Beide wurden als Personen mit durchaus vulgären Beschimpfungen angegriffen, Gabinius in der Dankesrede vor dem Senat, Piso mit einer eigenen Rede aus dem Jahr 55. Nur widerstrebend soll einiges daraus zitiert werden, und sei es nur deshalb, um das Ausmaß dessen zu zeigen, was seltsamerweise möglich war.

Über Gabinius: »Parfümierter Geck, von Wein, Schlaf und Liebesgenuss betäubt, mit zurechtgemachtem, von Pomade triefendem Haar, mit schweren Augenlidern und schlaffen Wangen, der Duft seiner Parfüms, der Weingeruch seines Atems, seine von den Spuren der Brennscheren gezeichnete Stirn.« – Und Piso bekam so sein Fett weg: »Dich hat deine Mutter aus ihrem Bauch gepresst, Vieh, schmutzige Begierden, schwerfälliger Geist, stammelnde Ausdrucksweise, übelriechender Mund, abscheuliche Wirtshausfahne, Erzeugnis des Stalles.« Brr – gingen vornehme Herren und ehemalige Konsuln üblicherweise so miteinander um? Vorbilder solcher Vulgaritäten gab es immerhin im klassischen Griechenland – die Verleumdung, *diabolé*, auch die ordinäre, war ein anerkanntes Stilmittel –, und anscheinend fiel das rhetorisch nicht aus dem Rahmen. Immerhin hat Cicero sie ja veröffentlicht, immerhin schritt Caesar nicht gegen Cicero ein, und immerhin äußerte Cicero sich nach gut zehn Jahren ganz anders über Piso, wir werden es noch sehen.

Alles in allem hatte Cicero jetzt, wenn auch nur vorübergehend, Oberwasser. In zahlreichen Verteidigungen wagte er sich immer weiter gegen Caesar und Pompeius vor; in einer gerichtlichen Zeugenbefragung des Publius Vatinius, der in Caesars Konsulat die Schmutzarbeit machen musste und dessen übelster Helfer war, schloss er erfolgreich an die eben zitierten Beschimpfungen an, indem er sich sogar über den Kropf des Vatinius lustig machte. Interessanter und mit Recht berühmter ist die Verteidigungsrede für seinen jungen Freund Marcus Caelius Rufus. In ihr ließ Cicero das ganze Feuerwerk seiner geistreichen Argumentationskunst abbrennen und konnte dabei allerlei Spitzen gegen Clodius vorbringen. Dessen Schwester Clodia nämlich war die treibende Kraft in dem Prozess, und Cicero verlegte sich darauf, sie, abermals, nach allen Regeln der Verleumdungskunst moralisch zu vernichten. Sie treibe es für einen Groschen mit jedem, und während das durchaus nach nicht ernstzunehmender *diabolé* klingt, wird man vielleicht nachdenklich, wenn sie, was wahrscheinlich ist, mit der ungetreuen Lesbia des Dichters Catull identisch sein sollte. Das Gerücht, sie und Clodius hätten Inzest miteinander getrieben, veranlasste Cicero sogar zu einem nicht besonders witzigen Witzwort. Er nannte Clodius scheinbar versehentlich ihren *Ehemann*, verbesserte sich in *Bruder* und meinte, wie seltsam es doch sei, dass er sich da immer vertue.

Diese Rede ist auch wegen ihres Unterhaltungswertes lesenswert, eine andere Verteidigung aber deshalb, weil Cicero über den Anlass hinausgeht und ein politisches Programm entwirft: In der Rede *Für Sestius* zieht er eine Konsequenz aus der Sterilität der römischen Innenpolitik. Publius Sestius war einer der jüngeren Politiker, die auf die Clodius-Banden mit der Aufstellung von Gegenbanden reagierten, wodurch der Gewaltpegel noch mehr anstieg. Clodius hatte nun die Frechheit besessen, Sestius, der bei einem früheren Zusammenstoß sogar zunächst für tot gehalten worden war, wegen Gewaltanwendung vor Gericht zu ziehen; natürlich verteidigte Cicero ihn, zusammen mit Crassus und Hortensius. Er blieb aber dabei nicht stehen, sondern versuchte darüber hinaus, die innerrömische Politik dadurch zu reformieren, dass er größere Einigkeit unter den politisch Tätigen propagierte. Er hatte schon früher das grundsätzliche politische Zusammengehen der beiden obersten Stände gefordert, die Einheit der Stände, *concordia ordinum*, jetzt erweitert er es auf alle Gutgesinnten, *boni.* Das war nun doch eine fast romantische Vorstellung und ein Versuch, bloße Symptome statt Ursachen zu ändern – marxisierend gesprochen: im Überbau Kulissen zu schieben statt die gesellschaftliche Basis in Angriff zu nehmen.

Weich wie ein Ohrläppchen oder kluges Segelreffen?

Aber eines Tages zeigte es sich, dass die Dinge doch nicht mehr so waren wie früher. Es gab nämlich nach wie vor den Dreibund, und der funktionierte. Macht kommt ohne Gewalt aus, ein Wort, ein Blick genügen. Das musste Cicero erfahren, als er glaubte, nun könne er einfach wieder Politik nach seinen Prinzipien machen. Caesar war zwar weit weg in Gallien, meldete, wie geplant, hart errungene Ruhmestat auf Ruhmestat nach Rom, trieb aber auch von dort aus weiterhin innerrömische Politik im bisherigen Sinne. Und in Rom betrieben, umgekehrt, seine Gegner Politik gegen ihn. Dass der Dreibund noch existierte und wirkte, merkte man dort zwar, vergaß aber auch nie, wie übel sich dieser Sieger über barbarische Gallier in seinem Konsulat gegenüber Römern verhalten und sich nur so den gallischen Auftrag hatte verschaffen können. Cicero aber wollte nicht nur meinen, sondern auch handeln. Er erreichte, dass im Senat eine Debatte über eine Maßnahme Caesars während dessen Konsulat auf die Tagesordnung kam. Da bekam er eines Tages Besuch. Es erschien bei ihm der Adjutant des Pompeius, der ihm etwas von seinem Chef auszurichten hatte. Das war normal und ganz einfach. Höflich in der Form, einer Bitte, wie es sich zwischen vornehmen Männern gehört. Cicero möge doch mit dieser Initiative etwas warten, bis Pompeius von einer Dienstreise nach Sardinien zurückgekommen sei.

Deutlicher war das Inoffizielle, und davon berichtet Quintus: Pompeius habe ihm gesagt, die Rückkehr Ciceros aus dem Exil habe ja nur deshalb erlaubt werden können, weil man Grund gehabt habe, auf Ciceros Zurückhaltung zu vertrauen. Wenn das jetzt nicht mehr gelten solle, dann … Das war deutlich. Es hieß, unvornehm ausgedrückt: »Lass das!« Und Cicero ließ es. Caesar blieb von nun an, was Cicero betraf, im Allgemeinen ungeschoren. Aber Cicero hatte seinen Kredit als prinzipienfester Streiter gegen Tricks, Winkelzüge und Unredlichkeit verspielt.

Cicero tat mehr, nämlich weit mehr als bloß gegnerische Handlungen zu unterlassen, und das war ja auch der Sinn der Intervention, er musste auch aktiv dem Dreibund konform handeln. Besonders peinlich war ihm das dem Publius Cornelius Lentulus Spinther gegenüber, einem der wenigen Männer, die sich immer für seine Rückkehr aus dem Exil eingesetzt hatten. Nach dem ehernen Grundsatz, dass Wohltaten (*beneficia*) Pflichten (*officia*) begründen und mit Gegenwohltaten bedankt werden müssen, sah sich Cicero mit Recht in der Situation, Lentulus seinerseits Gutes tun zu müssen. Dazu gehörte die prestigeträchtige und finanziell lohnende Aufgabe, den aus Alexandria vertriebenen König Ptolemaios XII., den Vater Kleopatras, wieder auf den Pharaonenthron zu setzen. Cicero bemühte sich wahrlich, aber auch hier legte sich der Dreibund quer: Gabinius wurde damit betraut. Ciceros schlechtes Gewissen wurde noch dadurch verstärkt, dass Lentulus zurückhaltende, aber deutliche Kritik an Ciceros Seitenwechsel übte. Bis heute ist er das Thema, von dem, epochenübergreifend, das Bild abhängt, das man sich von Cicero, ja, überhaupt von praktischer Politik macht.

Zwei wortreiche Rechtfertigungsbriefe an Lentulus und

weitere an den Bruder Quintus und an Atticus bieten Einsichten in die Gründe für diese Entscheidung. Lentulus gegenüber malt Cicero die Situation in ihrer Entwicklung und den verschiedenen Konstellationen aus und kommt erst allmählich zum entscheidenden Punkt: Einer geballten Macht, wie die des Dreibundes ist, kann man nur widerstehen, wenn man mit Rückhalt rechnen kann, nicht aber in der gegebenen Situation, in der auf den Senat kein Verlass ist. »Es ist wie beim Segeln: Die Kunst besteht darin, dass man sich nach Wind und Wetter richtet, auch wenn man den erstrebten Hafen nicht erreicht; aber wenn man durch Umsetzen der Segel ans Ziel kommen kann, dann wäre es Torheit, den Kurs unter Gefahren beizubehalten und ihn nicht lieber zu ändern.«

Für sich betrachtet trifft das natürlich zu, denn Segeln heißt die Segel variieren, oder ein anderes Bild: Gegen Windmühlenflügel zu kämpfen nützt nichts und führt nur zu noch mehr Unheil. Man muss sich den Zeitläufen anpassen, *temporibus accidere*. Die Frage ist nur, wie weit man mit der Anpassung gehen darf, wann kluge Einsicht in gesinnungslosen Opportunismus umschlägt. Das wäre die vorzeigbare Begründung für den Kurswechsel, den Widerruf – die Palinodie – alles Bisherigen. Es gibt aber noch eine andere Seite. Empfunden nämlich hat Cicero selbst dies anders, und das steht in den Privatbriefen an Freund Atticus und Bruder Quintus. Atticus gegenüber ruft Cicero aus: »Ade, ihr geraden, ehrlichen, anständigen Entschlüsse!«, er nennt sich einen Esel, dass er das nicht vorhergesehen hatte, und Quintus schreibt er, seine demütigende Lage zuspitzend, er verhalte sich schlabbrig und anpassungsbereit wie ein Ohrläppchen, eine *oricula*. Das Dilemma bleibt, über die Jahrtausende hinweg, und ist nur von Fall zu Fall zu entscheiden: Wann ist man charakterlos wie ein Rohr im

Wind und überlebt vielleicht, wann ist man prinzipienfest, aber vernagelt, und scheitert wahrscheinlich?

Cicero tat jetzt fast alles, was ihm – in höflicher Form – aufgetragen wurde, er schluckte eine Kröte nach der anderen. Zum einen hielt er Reden zu Gunsten der Aufgabenverteilung für den Dreibund – *Über die konsularischen Provinzen, De provinciis consularibus* –, etwa ähnlich wie im Jahr 66 über den Oberbefehl des Pompeius, nämlich, dass jetzt Caesars Kommando in Gallien verlängert werden müsse. Das mag vielleicht noch zu rechtfertigen gewesen sein, anders aber die auftragsgemäße Verteidigung widerwärtiger, von ihm verachteter und kurz vorher öffentlich heruntergemachter Leute wie ausgerechnet Aulus Gabinius oder Publius Vatinius. Cicero wirkte sogar als eine Art Immobiliengeschäftsführer für Caesar, indem er half, Grundstücke enteignen zu lassen, die der große Mann für ein dem Forum Romanum nacheiferndes Forum Iulium brauchte.

Genie der Gelassenheit

Cicero war nun über fünfzig Jahre alt, ein *senex*, ein alter Mann nach römischer Vorstellung. Dieser Greis konnte sich aber noch ändern, und das nicht wenig.

Ein neuer Cicero

Freilich dürfte all das Cicero aus einem anderen Gesichtspunkt heraus etwas leichter gefallen sein, als es sonst gewesen wäre. Er verlagerte nämlich angesichts dieser Situation das Kampffeld und begann eine Tätigkeit, die er bisher als Anwalt und als Politiker nie ausgeübt hatte. In der aktuellen Politik musste er sich jetzt zwar wider Willen anpassen, aber er hatte so intensiv und lange über die Politik und ihre Grundlagen nachgedacht, und er hatte sich in seinen politischen und Gerichtsreden als ein solcher Meister der lateinischen Sprache erwiesen, dass er nun daran gehen konnte, seine Erkenntnisse und Vorstellungen schriftlich niederzulegen. Zeit hatte er, denn der Frondienst nahm weniger davon in Anspruch als ein voll ausgefülltes Leben als Politiker und Anwalt, und diese Zeit nutzte er, indem er lange Monate schreibend auf seinen Landhäusern verbrachte, in durchaus erfreulichen Umständen. An seinen Bruder Quintus schrieb er: »Ich schreibe an dem staatswissenschaftlichen Buch, von dem ich mit dir gesprochen habe, eine weitschichtige und mühevolle Arbeit. Aber wenn es mir nach Wunsch gelingt, ist die Mühe gut verwendet; wenn nicht, werfe ich es einfach ins Meer, in dessen Anblick ich gerade schreibe.« Das brauchte er aber nicht zu tun, denn das Vorhaben gelang ihm so gut, dass nicht nur dieses Buch bis heute gelesen wird. Es waren drei Werke in Dialogform, die auf diese Weise zu Stande kamen, und obwohl einige Teile verloren sind, haben sie in seiner Gegenwart und in der europäischen Zukunft eine unbeschreiblich starke Wirkung gehabt. Alle drei haben zunächst einmal gemeinsam einen Tonfall, den Cicero und wir mit ihm bis auf den heutigen Tag *urban* nennen, also die elegante, höfliche, gelegentlich lächelnde Weise, in der die vornehmen Gesprächsteilnehmer miteinander umgehen – ganz, aber auch ganz anders als in einer Verleumdungsrede – und die dadurch ein realistisches Idealbild, wie man es nennen könnte, des Umgangstons in der römischen Oberschicht vermittelt. Die beiden ersten Gespräche haben aber auch den jeweiligen Zeitpunkt gemeinsam, in den Cicero sie versetzt, jeweils an den Vorabend einer politischen Katastrophe, zum einen in das Jahr 91 kurz vor den Ausbruch des mörderischen Bundesgenossenkrieges gegen die Italiker, der in Bürgerkrieg überging und zu deren Eingliederung in den römischen Staatsverband führte, zum anderen das Jahr 129 mit der Ermordung des jüngeren Scipio. Durch diesen zeitlichen Ansatz wird der Gegensatz zwischen der überlegenen Ruhe in den Texten und dem grausamen Chaos der politischen Wirklichkeit besonders akzentuiert.

Über den Redner – De oratore – hat ein fiktives Gespräch im

September 91 zum Gegenstand, im Landhaus des Konsuln von 95, Marcus Licinius Crassus, im eleganten Tusculum. Die Teilnehmer sind auf der einen Seite diejenigen, die schon lange im öffentlichen Leben gestanden haben, wie Crassus und Marcus Antonius, Konsul 99, auf der anderen zwei jüngere, die etwas lernen wollen, wie Publius Sulpicius Rufus und Gaius Aurelius Cotta – sie sind wohl ihres sehr unterschiedlichen weiteren Schicksals wegen von Cicero ausgewählt worden, denn Sulpicius ging im Bürgerkrieg auf die Seite der Popularen des Marius und Cinna über und fiel dann seinerseits Sulla zum Opfer, Cotta hatte als Optimat einiges hinter sich und wurde schließlich im Jahr 75 Konsul. Die älteste Generation verkörpert am ersten Gesprächstag Scaevola Augur, der erste juristische Lehrer Ciceros, am zweiten sind wieder die Jungen dran, Quintus Lutatius Catulus und Gaius Iulius Caesar Strabo, Großonkel des späteres Diktators, die beide auf unterschiedliche Weise im Bürgerkrieg umkamen.

Cicero gibt mit der Darstellung der römischen Redekunst gleichzeitig ein plastisches Bild des konkreten politischen Lebens der freien Republik, in dem bei aller Leidenschaft und bei allen angewandten Kunstgriffen, die man beherrschen muss, letztlich doch Kenntnisse, Fähigkeiten und Umgangsformen das Ausschlaggebende waren. Die Problematik der Rhetorik wird eben dadurch akzentuiert, dass nämlich, wie von Cicero auch später noch oft, vom Redner nicht nur die Beherrschung der technischen Kunstgriffe, sondern vor allem gründliche Kenntnisse von Geschichte, Jurisprudenz und Philosophie verlangt werden. Besonders wichtig ist die Atmosphäre, in der die Gespräche stattfinden, beispielsweise durch die lächelnd-zurückhaltende Art, in der Antonius über seine Vortrags- und Argumentationskunst spricht oder durch die klassisch gewordene Darstellung, die Caesar von der Funktion des geistreichen Witzes gibt.

Über den Staat – De re publica –, anschließend begonnen, findet 129 im Haus des Publius Cornelius Scipio Africanus minor Numantinus statt; außer dieser überragenden Person ist vor allem dessen Freund Laelius beteiligt. Das Buch entwickelt keine abstrakte Staatstheorie, wie es in der griechischen Philosophie geschah, sondern die geschichtlich gewordene konkrete Verfassung der Republik als Musterbeispiel einer im Ergebnis monarchische, aristokratische und demokratische Elemente in sich vereinigenden Republik. Das geschieht jedoch in der Absicht, auf das politische Leben von Ciceros Gegenwart zu wirken, wobei besonders bemerkenswert der erneute Versuch ist, eine Reform der römischen Innenpolitik zu bewirken.

Nach der Einheit der Stände oder dem Zusammenwirken aller Gutgesinnten hatte Cicero hier die Einsicht, dass auch eine freiheitliche Verfassung führende Personen mit persönlicher Autorität nötig hat. Das ist oft missverstanden worden. Im Dialog ist es der gleich im Anschluss an das Gespräch einem Attentat zum Opfer gefallene P. Cornelius Scipio der Jüngere, und die Auswahl dieser Person zeigt ganz deutlich, dass Cicero damit nun wirklich nicht etwas im Auge hatte, wie es dann später Caesar versuchte; auch dass er sich selbst meinte, wie gelegentlich mit herablassendem Lächeln gesagt wird, halte ich für unwahrscheinlich, es muss ja nicht eine konkrete Person infrage kommen. Ein Eigenleben führte dann der letzte Teil des Dialogs, der kosmologische Traum des Scipio.

Über die Gesetze – De legibus –, das nur besonders fragmentarisch erhalten ist und erst unter Caesars Diktatur vollendet wurde, spielt in der Gegenwart, außerhalb konkreter, böser Politik, an einem idyllischem Ort in Ciceros Heimat in familiärer Atmosphäre: Die Teilnehmer sind Cicero selbst, Bruder Quintus und Atticus. Der Dialog sieht in den bestehenden römischen Gesetzen ein leuchtendes Beispiel für eine gesunde Republik.

Inzwischen begann der Dreibund zu zerfallen. Im Jahr 55 war Iulia, das stabile Bindeglied zwischen Caesar und Pompeius, im Kindbett gestorben, im selben Jahr konnte zwar Crassus ein großes Kommando im Nahen Osten antreten, fiel aber 53 in einer Schlacht. So blieben Pompeius und Caesar übrig, auf die es daher mehr als je ankam. Zu Pompeius blieb Ciceros Verhältnis deshalb immer prekär, weil der große Mann zwar sympathisch, aber unzuverlässig und treulos war, jedenfalls so wirkte. Bei Caesar lagen die Dinge komplizierter. Natürlich war er der Machtmensch, wie sich immer mehr erwies, er war aber auch ein ungewöhnlich kluger, gebildeter und persönlich anziehender, charmanter Mann, nicht nur gegenüber Frauen, vielen Frauen. Er konnte seinen Charme gezielt einsetzen, was man gelegentlich merkte, ihm aber nicht übelnehmen konnte. Es fiel Cicero nicht schwer, Freundschaft für ihn zu empfinden, und das war gegenseitig. Beide zeigten offen, wie sehr sie einander achteten, natürlich aus unterschiedlichen Gründen; in jedem Fall aber auch literarisch. Caesar widmete Cicero seine sprachwissenschaftlichen Studien *Über die Analogie*, Cicero ließ im Dialog *Brutus* die literarische und rednerische Kunst Caesars durch Atticus in den höchsten Tönen preisen.

Erstes Grollen

Schließlich war es in der Folgezeit doch die Macht und ihr Gebrauch durch Caesar, die das Verhältnis zerrüttete.

Mord auf der Via Appia

Diese ganzen Jahre waren von einem nicht enden wollenden Übelstand geprägt, mit dem Clodius begonnen hatte. Er trieb weiter sein Unwesen, neben Sestius hatte auch Titus Annius Milo eine Gegenbande aufgestellt, Chaos und Gewalt nahmen überhand, Ciceros Traumata lebten wieder auf. Da traf Clodius mit seinem Haufen im Januar 52 auf der Via Appia auf Milos Bande, es kam zum Kampf, Clodius wurde verwundet, in ein Gasthaus gebracht, dort aber von Leuten Milos erschlagen. Eine wilde Totenfeier auf dem Forum Romanum, bei der das Senatsgebäude in Flammen aufging, führte zum Umdenken. Mit Zustimmung auch der reaktionärsten Kreise wurde Pompeius mit der Wiederherstellung der öffentlichen Ordnung betraut, zwecks Vermeidung des verhassten Begriffs Diktatur durch das staatsrechtliche Unikum eines alleinigen Konsuls, ohne Kollegen.

Das Überraschende geschah: Pompeius gab in Zusammenarbeit – sogar mit Cato – vernünftige Gesetze, vor allem gegen Gewaltaktionen und Wahlbetrug, wobei selbst der antikem Denken sonst fremde Gesichtspunkt diskutiert wurde, dass man keine rückwirkenden Strafgesetze erlassen dürfe. Pompeius, der an der verfahrenen Situation selbst nicht unschuldig gewesen war, handelte mit Augenmaß, in einem halben Jahr war Ruhe eingekehrt. Es konnte sogar der zweite Konsul bestellt werden – Publius Caecilius Metellus Pius Scipio, sein jetziger Schwiegervater. Die Konsulwahlen für 51 fanden verfassungsgemäß statt, gewählt wurden Marcus Claudius Marcellus und Servius Sulpicius Rufus, der langjährige Freund Ciceros.

Die Sache hatte nur einen Haken, ironischerweise denselben, den Ciceros Sieg über die Catilinarier hatte: Möglich war das nur, weil der mächtigste Mann fehlte. Damals war Pompeius noch im Osten beschäftigt, jetzt war Caesar überraschend noch in Gallien festgehalten worden. Der Mord an Clodius hatte nämlich zur Folge gehabt, dass im scheinbar endgültig eroberten Gallien der bisher zuverlässigste gallische Verbündete Caesars, der Arvernerfürst Vercingetorix, meinte, in Rom würde das Chaos ausbrechen und Caesar müsse Gallien daher verlassen. Caesar setzte diesem Traum aber bei Alesia ein Ende – und konnte sich anschließend allmählich wieder der Innenpolitik widmen.

Caesar kam es darauf an, in der Weise zum Konsul gewählt zu werden, dass er dieses Amt gleich im Anschluss an sein gallisches Kommando antreten konnte, denn dann würde er wegen der Gewalttaten und religiösen Frevel in seiner ersten Amtszeit nicht vor Gericht gezogen werden können. Nun gab es die gute Regelung, dass man sich persönlich bewerben musste, statt schriftlich aus der Ferne oder durch einen Stellvertreter. Weil er aber noch nicht nach Rom kommen konnte, brauchte er eine Befreiung von dieser Regelung. Die wurde ihm zwar zunächst erteilt, aber durch allerlei Winkelzüge auf eine undurchsichtige Weise wieder entzogen, denn Pompeius, der ehemalige Freund und Mitstreiter, jetzt Rivale Caesars witterte wohl zu Recht Gefahr für sich selbst. Ihm folgte die Senatsmehrheit, die Caesar gegenüber äußerst misstrauisch war. Caesar fühlte sich persönlich in seiner Ehre verletzt – was sollte nun werden?

Vorerst musste aber der Prozess gegen Milo wegen Mordes stattfinden; er fand unter dem Gebrüll der Clodianer mit militärischem Schutz statt, Cicero verteidigte, war aber angesichts so offensichtlicher militärischer Präsenz und in akustisch so bewegter Atmosphäre derart aufgeregt, dass er, man staune, schlecht, ja sogar sehr schlecht vernehmbar sprach, so dass eine Verurteilung drohte. Cicero hatte die vorzügliche Rede später veröffentlicht, so dass man nachlesen kann, wie er durch den Grundsatz, Gewalt dürfe durch Gewalt bekämpft werden, auf Notwehr plädierte und etwa auch die berühmt gewordene Wendung brauchte, für die Beurteilung einer Tat sei es hilfreich zu fragen, wem sie genützt habe: *cui bono?* Milo ging ins Exil nach Marseille, leistete sich aber noch ein hübsches Bonmot. Cicero hatte ihm nämlich die Schriftfassung der Verteidigungsrede geschickt, und Milo meinte, es sei eigentlich ganz gut, dass Cicero nicht gut gesprochen und den Prozess verloren habe, denn nur dadurch habe er, Milo, in Marseille die dortigen, besonders vorzüglichen Fische genießen können.

Fleckenlos in Kilikien

Der jetzt beruhigte römische Staat konnte wieder geregelt funktionieren. Eine der neuen Regelungen des Pompeius zwang ehemalige Konsuln wie Cicero dazu, unter bestimmten Voraussetzungen in den Provinzen als Statthalter zu amtieren. Das brachte auch militärische Kompetenzen und Verpflichtungen mit sich, vor denen der Erzzivilist Cicero in ganz unrömischer Weise einen Horror hatte; auch hatte man ja Rom zu verlassen und weitab vom Schuss zu verharren. Dennoch musste Cicero sich auch im Staatsinteresse fügen, so dass er zwar gegen seinen Willen nach Kilikien an der Südostküste Kleinasien versetzt wurde, aber seinen Humor nicht verlor. So mokierte er sich über sich selbst, der nun – freilich mit Hilfe seines in Gallien militärisch erprobten Bruders Quintus – einen aufrührerischen Bergstamm besiegen und eine Stadt Pindenissus erobern musste, von denen man noch nie gehört hatte, zudem in einer Gegend, in der man keine Ahnung von dem berühmten römischen Staatsmann Marcus Tullius Cicero hatte.

Dieser Sieg war die Veranlassung dafür, dass ihn die Soldaten durch Zuruf den Ehrentitel Imperator verliehen. Das war rechtmäßig, in Zukunft war Cicero tatsächlich ein Imperator, wurde sogar von Caesar mit diesem Titel angeredet, und jedem ist es unbenommen zu glauben, dass ein leichtes Lächeln Caesars Gesicht überflogen haben mag, wenn er Briefe vom *Imperator Caesar* an den *Imperator Cicero* diktierte. Es ist aber zu fürchten, dass Cicero selbst das anders sah, denn er hatte ernsthaft angestrebt, für seine Siege mit der riesenhaften Ehrung des Triumphzuges ausgezeichnet zu werden. Der strenge Cato hatte etwas Mühe damit, ihn von der Unangemessenheit dieses Wunsches zu überzeugen, und Cicero musste das einsehen.

Etwas anderes musste er auch schlucken. Es gab in Rom einen ganz reizenden Mann, der ein Auge auf Tullia geworfen hatte, aus patrizischem Geschlecht, Publius Cornelius Dolabella. Tullia war ja frei, Dolabella auch, das zwar deshalb, weil seine Frau Fabia sich wegen seines ausschweifenden Lebenswandels von ihm geschieden hatte. Eine solche Lebensführung aber ist oft nur dann möglich, wenn der Betreffende es nicht besonders schwer hat damit, wenn also andere gerne mittun. Ein solcher Mann war Dolabella, höflich und aufmerksam den Damen gegenüber, insbesondere den beiden Damen Terentia und Tullia. Von ihnen erfuhr Cicero auf seinem Weg nach Kilikien, dass da eine neue Ehe Tullias anstand. Eine Mitsprache scheint weder nötig noch erwünscht gewesen zu sein, Cicero reagierte nur mit dem Wunsch, die Götter möchten es richten. Sie taten es nicht.

Entschieden keinen Spaß aber verstand Cicero, wenn es sich um Korruption handelte. Sein altadeliger Vorgänger Appius Claudius Pulcher, Konsul 54, war ein Bruder des Clodius und tat ebenfalls nicht gut, aber auf eine hergebrachte Weise. Er wurde durch Erpressungen im Stil des Verres reich, Cicero übernahm eine völlig ruinierte Provinz. Cicero kam anscheinend bereits mit dem Ruf nach Kilikien, ein anständiger Mann zu sein, vielleicht gab es ja auch noch Erinnerungen an den Verres-Prozess, jedenfalls wurden ihm ganze Bücher von Beschwerden gepeinigter Städte überreicht. Er brachte in Ordnung, was möglich war, hob Verfügungen seines Vorgängers auf und stellte frühere Verhältnisse wieder her. Appius Claudius besaß die Unverfrorenheit, sich bei ihm darüber zu beschweren, ja, er war sich nicht zu schade, Cicero sogar vorzuwerfen, durch seinen Gesichtsausdruck und Blicke Missbilligung auszudrücken. Seine Antworten verpackte Cicero in eine dicke Schicht von Freundschaftsbeteuerungen, aber was diese Verpackung nötig hatte, waren deutliche Worte, wie vor allem das Argument, dass ererbter Adel bei persönlichem Fehlverhalten nichts wert sei. Es gelang ihm, wieder ein gutes Verhältnis zu erreichen, ohne dass er sich hätte verbiegen müssen.

Es gab einen weiteren römischen Herrn, der bei den Unterworfenen in Ciceros Amtsbereich Unmut hervorrief, und nicht nur bei ihnen, sondern auch bei Cicero und, wie man wohl sagen kann, auch bei heutigen Lesern. Möglicherweise hatte dieser Marcus Iunius Brutus, der am Beginn seiner Ämterkarriere stand, gar kein so schlechtes Gewissen, als er der Stadt Salamis auf Zypern Wucherzinsen für ein Darlehen abverlangte, sogar Atticus und Lucceius fanden das üblich und in Ordnung, Cicero aber nicht. Er senkte sie deutlich und weigerte sich zudem, sie durch ein Soldatenkommano eintreiben zu lassen. Dennoch behielt er nicht nur ein gutes Verhältnis zu Brutus, sondern dieser stieg zu einem engen Vertrauten auf, mit dem Cicero einiges vorhatte, davon wird bald die Rede sein. Auch Caelius musste erkennen, dass die persönliche Freundschaft bei Cicero Grenzen hatte. In seinem Amt als Ädil in Rom hatte er die Verpflichtung, auf eigene Kosten glänzende Schaustellungen zu geben, um der stadtrömischen Plebs zu gefallen. Zu diesem Zweck drängte er Cicero, ihm Panther zu besorgen, die es in Kilikien gab – aber Cicero blieb hart, wenn auch schließlich durch ein Scherzwort: Er teilte ihm mit, die Panther hätten leider eine Versammlung abgehalten und beschlossen, in eine Nachbarprovinz auszuwandern.

Pedantisch war Cicero nur in einem Punkt: Keinen Tag länger als gesetzlich unbedingt nötig wollte er in dieser gottverlassenen Gegend bleiben – nach Rom drängte es ihn, den Schauplatz seines Lebens. Er reiste langsam zurück, währenddessen ging das Gerangel um Caesars zweites Konsulat weiter. Dieser fühlte sich unfair behandelt und in seiner Ehre gekränkt – was ja wohl auch der Sinn der Maßnahmen gegen ihn war.

Die Macht schlägt zu

Zwischen allen Stühlen

Cicero betrat Rom am 4. Januar 49, am 9. Januar löste Caesar durch das Überschreiten des Grenzflusses Rubico den Bürgerkrieg aus. Bürgerkrieg – der Albtraum Ciceros aus seiner Jugend. Alle Erinnerungen an wildes öffentliches Morden wurden wieder lebendig, die Bandenkämpfe von Clodius und dessen Gegnern waren harmlos dagegen. Caesars Gegner fühlten sich bestätigt, eine solche Gewalttat hatten sie schon lange erwartet. Viele Senatoren machten sich die Entscheidung nicht leicht, aber die meisten gingen als die legitimen Vertreter des Staates doch mit Pompeius in den Osten, um Caesar dort entgegenzutreten. In Windeseile fiel Italien Caesar zu, er behandelte seine Gegner zur Überraschung aller nicht grausam, wie es Sulla getan hatte, sondern chevaleresk, ja, entließ sie reihenweise aus der Gefangenschaft, in die sie gefallen waren. Das war viel wirksamer, auch dann, wenn Caesar in etwas gekränktem Ton in seiner Darstellung dieses Bürgerkrieges – *De bello civili* – berichten musste, dass viele der so Freigekommenen dem Krieg nunmehr nicht fernblieben, sondern bald wieder zu seinen Gegnern übergingen.

Einer von ihnen war der schroffe Optimat Lucius Domitius Ahenobarbus, seit vielen Jahren einer der erbittertsten Feinde Caesars, der es deshalb erst 54 zum Konsul hatte bringen können, alles in allem ein politischer Freund Ciceros, wenngleich Cicero ihn für ungewöhnlich dumm hielt. Im Jahr 52 hatte er den Vorsitz im Prozess gegen Milo geführt, und jetzt geriet er, wie auch Ciceros Freund Lentulus Spinther, auf recht unheroische Weise bei Corfinium in Caesars Gewalt. Er war mit seinen Truppen eingeschlossen, kapitulierte und wurde Caesar vorgeführt. Es war wohl besonders demütigend für ihn, auf diese Weise von dessen Gnade abhängig zu sein, zumal da Caesar ihn großmütig freiließ – was ihn nicht davon abhielt, zu Pompeius wechseln; die Truppen gingen geschlossen zu Caesar über. Bei der Belagerung Massilias durch Caesar verließ Ahenobarbus diese seine Schutzbefohlenen vorzeitig, und nach der Schlacht von Pharsalos floh er zu Fuß, wurde aber von Caesars Reitern erschlagen. All das berichtet Caesar im Buch über den Bürgerkrieg scheinbar ungerührt, in Wirklichkeit jedoch mit leichter Verachtung.

Ganz anders schrieb er über jemanden, der, wie Caelius und Brutus, als junger und sehr begabter enger Freund Ciceros begonnen hatte, Gaius Scribonius Curio. Er verhielt sich, nach Catilinarischen Anfängen, so unmissverständlich im optimatischen und Caesar-feindlichen Sinne, dass Cicero und dessen Freunde in ihm einen der führenden konservativen Politiker der Folgezeit sahen. Aber: er war tief verschuldet. Reichlich Geld hatte aber Caesar, aus einer früheren Statthalterschaft in Spanien und jetzt erst recht durch die gallische Beute, und er pflegte den vorgesehenen Gebrauch von diesem Reichtum zu machen, indem er das Geld in politische Macht ummünzte. Curio war plötzlich schuldenfrei und auf Caesars Seite. Er behielt ein gutes Verhältnis zum wenn auch resignierenden Cicero, blieb aber so fest in seiner neuen Verbindung, dass Caesar ihn in seiner Vertretung als Kommandant der in Nordafrika für ihn kämpfenden Truppe einsetzen konnte. Diese Truppe bestand aus den Soldaten, die bei Corfinium übergelaufen waren, die aber nicht daran dachten, trotz einiger Verlockungen, nun abermals zum Gegner überzugehen. So auch Curio. Caesar berichtet ausführlich darüber, auch, dass Curio militärisch geschlagen wurde und tapfer als sein Soldat – *miles Caesaris* – fiel, und das in einem Ton des Bedauerns und der Achtung vor dieser ehemaligen großen Hoffnung der Optimaten.

Dieser Ton soll dazu führen, nicht vom einigermaßen sicheren mitteleuropäischen Schreibtisch aus ein absprechendes Urteil zu fällen; das würde auch für andere in diesem Buch vorkommende Personen gelten können. Was wissen wir denn genau über diese Vorgänge? Caelius äußerte sich in seinen Briefen sehr abschätzig, aber genau er ging zu Caesar über; wenn auch nicht, weil er bestochen worden wäre, sondern wegen der stärkeren Bataillone. Er bereute dann sogar und kam später elend um, übrigens zusammen mit dem zurückgekehrten Milo. Immerhin hielt Cicero sein gutes Verhältnis zu Curio einigermaßen aufrecht, und immerhin haben wir von anderer, verlässlicher Seite Äußerungen, die auf eine weitere Komponente verweisen, auf die große Anziehungskraft Caesars. Der später unter Augustus vielfältig wirkende unabhängige Geist Gaius Asinius Pollio rechtfertigte einmal seine vorherige Anhängerschaft an Caesar mit eben dessen eindrucksvoller Persönlichkeit, wenn er auch in der betreffenden Situation doch meinte, das gelte dann nicht, wenn das auf tyrannische Alleinherrschaft hinausliefe. Aber dennoch, wir haben wohl noch im Ohr, dass auch Cicero für sich, und mit

Recht, in Anspruch nahm, sich notfalls den übermächtigen Zeitläufen anzupassen.

Und er? Er war in Italien geblieben. Wem sollte er sich anschließen? Hin und her überlegte er, wie wir aus seinen Briefen wissen; zu Unrecht werden sie als Zeugnis für besondere Wankelmütigkeit gewertet, aber von niemandem sonst haben wir Zeugnisse für die sehr komplexen Überlegungen, wie man sich in dieser konkreten Situation verhalten solle. Zu Caesar? Zu Pompeius? Die Pompeianer hielten es für selbstverständlich, dass jeder anständige Mensch zu ihnen kommen müsse, das gelte auch für Cicero, der doch immer auf der Seite der Guten war; für Caesar wäre Ciceros Parteinahme die Anerkennung gewesen, dass er unfair behandelt worden sei. Aber beide Seiten waren unzuverlässig, beide Seiten ließen erwarten, dass sie im Fall des Sieges grausame Rache nehmen würden.

Sulpicius Rufus, Ciceros bespöttelter Gegner im Murena-Prozess und lebenslanger Freund, bietet ein gutes Beispiel dafür, wie uneindeutig die Sachlage war, ja, wie jemand daran fast zerbrochen wäre, und wie schließlich das immer noch vorläufige Ergebnis aussah. Cicero berichtet Atticus von einem Besuch des Freundes im Mai 44: »So etwas von fassungsloser Angst habe ich noch nicht erlebt. Der eine Kriegsgegner grolle ihm, der andere sei ihm nicht gewogen; möge siegen, wer wolle, auf jeden Fall werde es fürchterlich werden. Und das alles brachte er unter Strömen von Tränen hervor.« Und trotzdem: Sulpicius wurde unter Caesars Herrschaft Statthalter in Griechenland – aber auch das wird nicht das letzte sein, was von ihm und Cicero zu berichten ist.

Der Pazifist

Für Cicero ging der Friede über alles andere, das lehrten ihn seine Erfahrungen, darum bemühte er sich, da nahm er den Eindruck gesinnungslosen Schwankens in Kauf. Zum charmanten Gewaltmenschen Caesar konnte er einfach nicht gehen, zu seiner eigenen Überraschung und zu seinem nicht geringen Stolz gegenüber Atticus berichtete er diesem von einer Unterredung mit Caesar. Dieser hatte ihn sogar mitten im Bürgerkrieg auf einem seiner Landhäuser aufgesucht, bat ihn zu bleiben und in den (Rumpf-)Senat zu gehen. Cicero wäre gegangen, wenn er sich ungehindert für Frieden hätte einsetzen können. Zwar beteuerte Caesar, er werde Cicero doch keine Vorschriften über das machen, was dieser sagen würde, aber als Cicero dann konkret wurde, war die Antwort, dass er, Caesar, das nicht wolle. Da blieb Cicero standhaft und ging zum Gegner.

Dort wurde er wegen seines Zögerns kühl aufgenommen, es gab Pläne besonders rabiater Optimaten, ihm nach dem für sicher gehaltenen Sieg den Prozess zu machen, es gab sogar Überlegungen, wieder Proskriptionen abzuhalten. Cicero blieb skeptisch, machte im Lager des Pompeius zweideutige Späßchen. So antwortete er auf den Vorwurf, er komme reichlich spät, das täte er deshalb nicht, weil ja auch bei den Pompeianern noch nichts vorbereitet sei; er brauche sich daher auch nicht zu fürchten, so dass ihm nun wieder Pompeius verärgert zurief, er solle nur überlaufen, dann werde er es schon mit der Angst bekommen. Freunde gewann er nicht damit – aber die Herrlichkeit dauerte ja nicht lange. Bei Pharsalos siegte Caesar, Pompeius floh nach Ägypten und wurde dort ermordet, Cicero ging zurück nach Italien. Nicht sehr weit. In der Küstenstadt

Brundisium – Brindisi – wurde ihm die Weiterreise verboten, und während Caesar sich in Ägypten um Kleopatra kümmerte, musste Cicero in dem öden Provinzstädtchen beiben, bis der nunmehrige Herrscher ihn reisen ließ. Ein kleiner Lichtblick konnte sein, dass der anscheinend nicht nur moralisch fragwürdige, sondern auch naive Vatinius, der als Beauftragter Caesars dort war, ihn aus Dank für die ja nur gezwungenermaßen stattgefundene Verteidigung rührend umsorgte.

Ein Jahr lang schmorte Cicero da und war trotz der Hilfe Tullias so demoralisiert, dass er überglücklich war, als Caesar im September 47 kam, ihn nicht nur nicht zur Verantwortung zog, sondern ihn herzlich begrüßte, sich freundschaftlich mit ihm unterhielt und so tat, als sei nie etwas anderes gewesen. Mehr kam von Caesar aber nicht, immerhin konnte Cicero zurückkehren.

Nun durfte Cicero in Rom und auf seinen Landhäusern sein, und er konnte noch von Glück sagen, dass ihm weiter nichts passierte. Caesar siegte weiter über immer noch aktive Republikaner, oft mühsam, aber er siegte, bei Thapsus in Nordafrika, bei Munda in Spanien, die Gegner waren gefallen, begingen Selbstmord, gingen zu ihm über oder verharrten im Exil und hofften, dass Caesar ihnen die Rückkehr erlaubte. Ein besonderes Wort muss zu Cato gesagt werden. Von Anfang an hatte er bei den verschiedensten Gelegenheiten im Gegensatz zu Caesar gestanden. Schon in der Debatte um die Catilinarier vertraten beide entgegengesetzte Positionen, und zwar nicht wie in einem beliebigen Meinungsstreit, sondern in schroffer Gegnerschaft; nachdem Caesar den Senat dahin gebracht hatte, die Verschwörer am Leben zu lassen, brachte die zornige Rede Catos den Umschwung. Oder ein Vorkommnis im Gallischen Krieg: Caesar hatte die germanischen Stämme der Usipeter und Tencterer getäuscht und schwer schädigen können, bis an den Rand des Genozids. Cato befürchtete göttliche Strafe und beantragte, Caesar zur Sühne den Germanen auszuliefern, das verlief im Sande. Im Bürgerkrieg schließlich hatte Caesar Cato in der nordafrikanischen Stadt Utica eingeschlossen, die Eroberung stand bevor, da beging Cato in einem öffentlichen Akt Selbstmord, um nicht Caesar in die Hände zu fallen. Seitdem trägt er bis heute den Ehrennamen Cato Uticensis, Cato von Utica.

Brutus verfasste als Erster eine Lobschrift auf Cato, die schriftstellerisch anscheinend wenig eindrucksvoll ist. Von Cicero aber erschien, auf Anregung des Brutus, ein heute verlorener Text, der Catos leuchtendes sittliches Beispiel verherrlicht, und hier scheint Caesar doch gegrollt zu haben, was man ihm nicht verdenken kann. Er hatte sich aber noch fangen können und verlegte sich, Intellektueller, der er auch war, darauf, eine Gegenschrift zu verfassen, den *Anticato*, allerdings hatte er Cato darin in wenig souveräner Weise persönlich angegriffen.

Genie des Widerstandes

Caesar ließ sich immer mehr rechtliche Kompetenzen und kultische Ehren zuschanzen, zum Schluss war er Diktator auf Lebenszeit, das hatte nicht einmal Sulla gewagt, und stieg zu den Göttern auf.

Scheinbare Normalität

Cicero hielt zunächst still. Er ging zwar in den Senat, Fernbleiben wäre eine zu große Provokation gewesen, aber er schwieg – wenn jemandem das schwer gefallen ist, dann Cicero. Ein einziges Mal brach es aus ihm heraus. Caesar hatte seinen besonders verstockten Gegner Marcellus begnadigt, Cicero glaubte irrig, das sei ein Zeichen für die allmähliche Rückkehr zu zivilisierten Verhältnissen und improvisierte eine Dankesrede, die er sogar ausarbeitete und veröffentlichte. Sonst sprach er nur zweimal vor Gericht, auch das wurde publiziert. Das Gericht war Caesar selbst, ein Prozess fand in seinem Haus statt, was ohnehin ein Skandal war, wozu noch kam, dass er der angeblich Geschädigte war. Cicero trat für die falsch Beschuldigten ein, sparte nicht mit Kritik an den Verhältnissen, ja, ließ zur

Charakterisierung der politischen Situation das Wort »Tyrann« fallen – er relativierte das eher schwächlich, gesagt aber war es. Im Angesicht Caesars. Aber der ließ Cicero gewähren.

Lebensgenuss

Blendend schien es Cicero in den Jahren von Caesars Diktatur zu gehen. Er war ein eifriger Partygänger, amüsierte sich prächtig, schrieb gelegentlich überbordend heitere Briefe und genoss in den durch seinen im Grunde geradlinigen Charakter gezogenen Grenzen das Leben. Lucius Papirius Paetus und Publius Volumnius Eutrapelus beispielsweise gehörten zu denjenigen Freunden Ciceros, die, anders als die meisten anderen, keine politische Laufbahn anstrebten, sondern als reiche Geschäftsleute und witzige Männer von Welt das bieten konnten, was man *high life* nennen könnte. Die Korrespondenz mit ihnen ist ein Beispiel für diesen Lebensstil, den Cicero zwar genossen hat und eifrig pflegte, der aber doch hinter den gerade in dieser Zeit drängenden ernsthaften Betätigungen zurücktrat. Ob das von ihm als ein Rauchvorhang veranstaltet wurde, um das Eigentliche zu verdecken? Sogar Caesar, dem man nichts vormachen konnte, glaubte manchmal, Cicero habe harmlose Seiten und sei leicht zu behandeln.

Jedenfalls fühlte Cicero sich auch in solcher Umgebung durchaus wohl. Diese Geselligkeit kam ihm als Teilnehmer wie als Briefschreiber mit seinem ausgeprägten Bedürfnis nach Witz und Heiterkeit entgegen, und umgekehrt sorgte auch er dafür, dass seinen Freunden das Lachen nicht ausging. Zwar muss man ja nicht unbedingt selbst witzig sein und sich geistreich über Geistreiches äußern können – wie Caesar Strabo in *Über den Redner* –, ohne selbst ausgiebig zu lachen, aber glücklicherweise kann auch für Cicero gezeigt werden, dass das bei ihm doch der Fall war, sonst hätte er nicht von Kilikien aus vom gemeinsamen Lachen schwärmen können, das er in Rom mit Caelius pflegte und bald wieder zu pflegen hoffte. Einige seiner Späße kamen gelegentlich auch im vorliegenden Buch zur Sprache, vielleicht könnte man noch einen anfügen, der auf Kosten des Statthalters in Kilikien, Appius Claudius Pulcher, ging: Er war als Prätor eine Zeitlang beim Volk unbeliebt, wollte bei Gladiatorenspielen – die Cicero übrigens verabscheute – möglichst ungesehen zu seinem Sitz gelangen, kroch daher unter den Gerüsten entlang, auf denen die hölzernen Sitze aufruhten – und Cicero nannte diesen Schleichweg eine Via Appia neuen Typus'. Ciceros Witze wurden sogar in einem Buch gesammelt, ja, es wurden auch weitere schlicht erfunden, so dass Caesar sich rühmen konnte, mit ihnen so vertraut zu sein, dass er die echten von den unechten unterscheiden könne.

Dieser Korrespondenz verdanken wir auch einen Einblick in eine bestimmte Form des Lebensgenusses, der *auch* der römischen Oberschicht keineswegs fremd war, womöglich gerade von ihr besonders gepflegt wurde: das außereheliche Liebesleben. Caesars Amouren waren eifrig gepflegtes Gesprächsthema. Eine große Rolle spielten die Hetären, berufsmäßige, schöne, oft geistreiche Damen, die wohlhabenden Männern zu verschiedenen Diensten zur Verfügung standen, ja, die Frauen der römischen Liebeslyrik seit der späten Republik waren sämtlich Hetären. Sie waren ein so selbstverständlicher Teil der Gesellschaft, dass in einer antiken Biografie des Pompeius gleich zu Anfang die Hetäre Flora als Leumundszeugnis für dessen guten Charakter herangezogen wurde. Natürlich verschönten sie dann auch die fröhlichen Bankette, die Ciceros lebenslustige Freunde veranstalteten, weniger selbstverständlich war, dass Cicero selber gerade daran keinen besonderen Gefallen fand.

Eine der berühmtesten Hetären, die als Schauspielerin auf den Künstlernamen Cytheris hörte, war auch dabei. Sie war eine Sklavin des Volumnius gewesen, von ihm freigelassen worden, wodurch sie seinen Namen Volumnia bekam, und über sie schreibt Cicero in einem Brief an Papirius, in dem er sich zunächst dafür rechtfertigt, dass er angesichts der politischen Lage überhaupt an solchen Vergnügungen teilnahm. »Du wunderst dich, dass sich unsere Knechtschaft (*servitus nostra*) so heiter gestaltet? Aber was soll ich tun? Soll ich mich ängstigen, mich quälen? Was erreiche ich damit? Und wie lange noch? … Links von Eutrapelus sitzt Cytheris. ›Also bei solch einem Gelage findet man den berühmten Cicero!‹ wirst du sagen. Ich ahnte weiß Gott nicht, dass sie dabeisein würde. … Nun, mich haben nicht einmal in jüngeren Jahren diese Dinge berührt, geschweige denn jetzt im Alter.«

Seriöseren Charakter hat eine kleine Episode mit dem jüngeren Juristen Gaius Trebatius Testa, in der sich zeigte, dass Cicero sich immer noch vorzüglich in der Rechtswissenschaft auskannte. Cicero hatte ihn vorher als Rechtsberater an Caesar in Gallien vermitteln können, jetzt diskutierte er mit ihm den Fall, ob jemand, der als Erbe eingesetzt, die Erbschaft aber noch nicht angetreten hatte, jetzt schon gegen einen Diebstahl an der Erbmasse gerichtlich vorgehen könne. Trebatius hatte das bestritten, aber Cicero ließ es keine Ruhe; er sah, obwohl reichlich bezecht, in juristischen Büchern nach – siehe da, er hatte Recht, und versäumte es nicht, das Trebatius unter Angabe der Fundstellen postwendend mitzuteilen.

Tod und Widerstand

Jenseits all dieser Vergnügungen begann Cicero aber damit, sich dergestalt ernsthaften Dingen zuzuwenden, dass er, wie Mitte der fünfziger Jahre, anfing, Bücher zu schreiben; in diese Arbeit schlug der Tod seiner Tochter.

Philosophisches

Zunächst waren es Bücher vor allem philosophischen Inhalts. Es sind, wie nach den drei seinerzeitigen Dialogen, ausgerechnet wieder diese in einer Notsituation geschriebenen Bücher, die seinen dauerhaften Ruhm in den beiden folgenden Jahrtausenden begründet haben. Soweit sie unmittelbar Philosophie betreffen, hatte Cicero mit ihnen die Absicht, die römische Leserschaft mit der Philosophie überhaupt vertraut zu machen, was praktisch bedeutete, ihr die Richtungen der griechischen Philosophie – eine andere gab es nicht – vorzuführen. Er hatte also nicht die Absicht, selbst als Philosoph, womöglich mit einer eigenen Richtung, hervorzutreten, so dass besserwisserische Vorwürfe, er sei nicht originell, an seiner Absicht vorbeigehen. Was er wollte, hatte er erreicht, und mehr:

Wenn es diese Schriften nicht gäbe, wüssten auch wir sehr viel weniger über die griechische, vor allem hellenistische Philosophie.

Cicero begann allerdings, wie in der ersten Periode seiner schriftstellerischen Tätigkeit, mit der römischen Redekunst, dem Dialog *Brutus* aus den Jahren 47/46; er ist aber keine Darstellung, sondern eine Geschichte der römischen Redekunst und ist im Ton einer lebendigen Unterhaltung mit Rede und Gegenrede näher. Er findet in der Gegenwart bei Arpinum statt, die Teilnehmer sind Atticus, Brutus und Cicero selbst. Inhaltlich ist er neben der Information über Sachverhalte und vor allem über die vielen einzelnen Redner eine einzige Klage über die Situation, in der sich die römische Republik nach dem Bürgerkrieg Caesars im Vergleich zu früheren Zeiten befindet. So schon die ersten Sätze: Cicero hört auf Rhodos während seiner Rückreise von dem kilikischen Prokonsulat vom plötzlichen Tod seines Kollegen und mit ihm rivalisierenden Freundes Hortensius und kommentiert ihn damit, dass er sagt, Hortensius habe nur so lange gelebt, »als es möglich war, in unserem Lande ehrenvoll zu leben« – jetzt eben nicht mehr, das freie öffentliche Leben ist erstorben, »die Gerichte und das Forum sind verödet«.

Das Werk ist schon im Titel einem Mann gewidmet, an den auch die meisten folgenden Schriften gerichtet sind, Marcus Iunius Brutus; es gibt eine kleine Sammlung von Briefen an ihn und von ihm, *An Brutus – Ad Brutum* –, aus den Frühjahrsmonaten des Jahres 43. Wenn es eine Person aus Ciceros Umkreis gibt, die nur schwer zu beurteilen ist, dann ist er es – so deutlich Ciceros Werben um ihn durch diese Texte ist, so wenig deutlich war sein Verhalten. Das hatte auch Caesar erfahren müssen. Brutus, Sohn der großen Dame Servilia, konn-

Der — Workaholic

Ciceros Schriften, Reden und Briefe bergen unglaublich viele Informationen über ihren Autor. Über das Leben keines anderen Römers vor Augustinus haben wir so viel Material. Nur einer schrieb bzw. diktierte erwiesenermaßen mehr als Cicero: sein älterer Zeitgenosse Varro – mehr als 70 Werke in insgesamt ca. 600 Buchrollen. Aber: über 97 % davon sind verloren! **Von keinem anderen römischen Autor vor der Spätantike sind mehr Schriften erhalten als von Cicero*.**

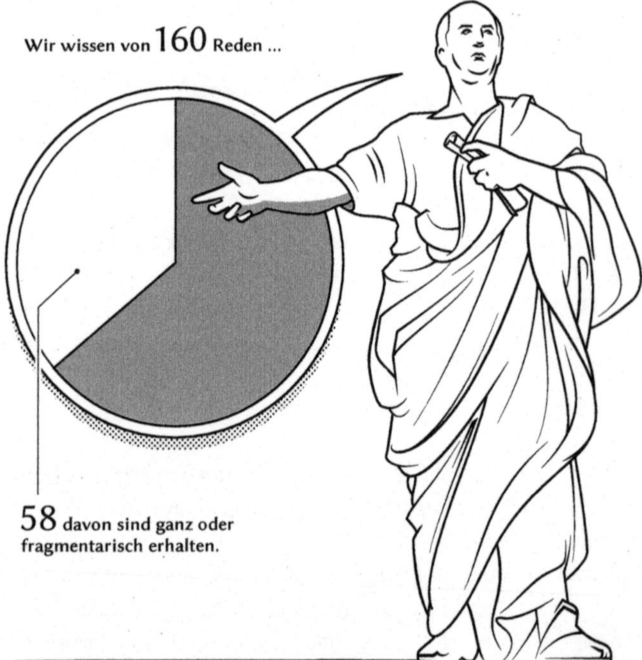

** Nicht erhalten ist Ciceros Versepos De consulato suo über sein Konsulatsjahr 63 v. Chr. Weil sich aber die Zeitgenossen schon einig waren, dass es ziemlich schlecht war, ist der Verlust vielleicht zu verschmerzen.*

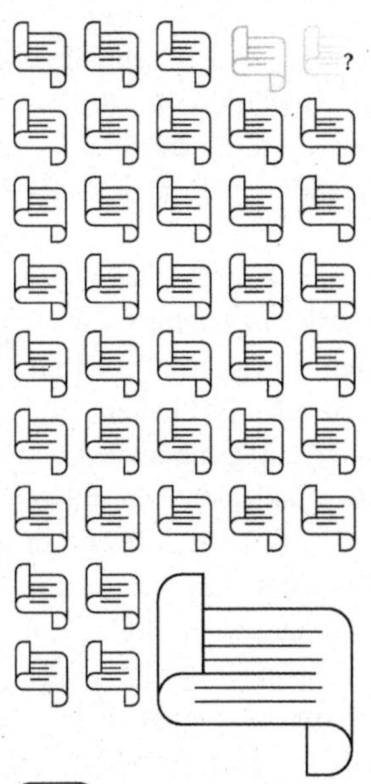

37 Buchrollen** ergeben die 914 erhaltenen Briefe. Aber es gibt eine hohe Dunkelziffer: Wir wissen z. B. von einem Briefwechsel mit Octavian/Augustus.

50 Buchrollen** füllten die 24 teilweise mehrbändigen Prosatexte zu philosophischen, rhetorischen u. a. Themen. Etwa 37 davon sind erhalten.

426 Briefe an Atticus;
435 Briefe an übrige Freunde;
27 Briefe an Quintus;
26 Briefe an Brutus

***Die Längen antiker Buchrollen schwankten beträchtlich.*

te von Herkunft, Erziehung und familiären Verbindungen nichts als Optimat und Caesargegner sein. Erzogen im lupenreinen Stoizismus von seinem Onkel Cato, Schwiegersohn des Appius Claudius, des Vorgängers Ciceros in Kilikien, kämpfte er bei Pharsalos gegen Caesar, ging dann aber sehr schnell zu ihm über, wurde von ihm geschätzt und gefördert, wurde Provinzstatthalter, war 44 Prätor und war von ihm nach Diktatorenart bereits für das Jahr 41 vorgreifend zum Konsul designiert worden.

Sooft Cicero ihn jetzt durch Auftreten in Dialogen und durch deren Widmung an ihn als Oppositionellen hin-, ja vielleicht bloßstellte, so unberührt schien sein gutes Verhältnis zum Diktator zu sein. Caesar ließ das alles geschehen, und Brutus schien, auch Cicero gegenüber, zu glauben, letzten Endes werde Caesar doch, ähnlich wie Sulla, für eine wenn auch reformierte Republik sorgen. Wessen Bemühungen um diesen besonders klugen, fähigen und charismatischen jüngeren Mann würden erfolgreich sein? Brutus hatte das Unglück genauso zu heißen, wie der legendäre Gründer der Republik, die die Königsherrschaft ablöste, was zur Folge hatte, dass er von den verschiedensten Seiten unablässig aufgefordert wurde, wie sein Ahn zu handeln, aber diese Männer und auch Cicero mussten manchmal das resignierte Gefühl haben, Brutus sei zu unentschieden und müsse zum Jagen getragen werden. Dieses Jagen, um bei diesem etwas lockeren Bild zu bleiben, konnte nur in der Beseitigung Caesars bestehen. Noch war es nicht so weit.

Nach dem *Brutus* verfasste Cicero eine Schrift über provozierende Lehrsätze der stoischen Philosophie, *paradoxa stoicorum*, mit heftigem Tadel am Verhalten vor allem zeitgenössischer Personen, und während diese Schrift davon ausging, dass Cato noch lebte, folgte nach dessen Caesar ins Unrecht setzendem Selbstmord die schon erwähnte Lobschrift auf ihn, der *Cato*, mit Caesars Reaktion *Anticato*. All das stellt Variationen der Thematik des *Brutus* dar, wurde teilweise erst später veröffentlicht oder ist ganz verloren, jedoch konnte der dann folgende *Redner*, *Orator*, wahrgenommen werden. Er ist, abermals Brutus gewidmet, kein Dialog, sondern eine erläuternde Abhandlung der lateinischen Rhetorik überhaupt und enthält, anders als die meisten weiteren Schriften dieser Zeit, verhältnismäßig wenig Politik.

Tullias Tod und die Folgen

Da traf Cicero ein schwerer Schicksalsschlag, oder besser, da verhalf ihm dieser schreckliche Schlag dazu, sich in seiner schöpferischen Konzentration in höchste Höhen zu steigern. Anfang des Jahres 45 starb Tullia, das von ihm am innigsten geliebte Wesen. Auch die Umstände ihres Todes waren geeignet, Cicero in Depressionen zu versetzen. Die Ehe mit Dolabella scheiterte bald, wie wohl vorauszusehen war, und zwar wohl aus demselben Grund wie dessen erste Ehe, er trieb es anderweitig zu arg. Tullia zögerte nicht, die Konsequenz daraus zu ziehen und sich von ihm zu scheiden, sie erwartete aber noch ein Kind von ihm. Im Kindbett starb sie dann, der kleine Sohn ebenfalls bald danach. Ein wilder Schmerz fiel über Cicero her, ähnlich dem, den er im Exil empfunden hatte.

Er zog sich in seine Villa Asturia in einer wilden, schwer zugänglichen Gegend zurück und verschwand zunächst aus der Öffentlichkeit, abwechselnd in Asturia und bei Atticus lebend.

Untätig freilich blieb er nicht, er brütete im Schmerz nicht jammernd vor sich hin, sondern wurde im Gegenteil schreibend tätiger als je. Er verfasste zunächst eine *Trostschrift, consolatio*, für sich selbst, Tullias Bild vor Augen; sie ist verloren. Andere hörten von seinem Verlust, nicht nur Atticus, und aus deren Tröstungen können wir entnehmen, welch herzliche, vielleicht sogar brüderliche Gefühle Cicero bei den dafür empfänglichen Zeitgenossen erwecken konnte. Lucceius drang in ihn, nach Rom zu kommen und im Zusammenwohnen mit ihm Ruhe zu finden, auch Caesar schrieb leider Verlorengegangenes – das hätte man besonders gern gelesen –, etwas entschädigt werden wir durch den Brief, den der alte Freund Servius Sulpicius schrieb. Durch diesen Brief schimmert wirkliche Anteilnahme, jenseits des literarischen Genres, das die *consolatio* auch war und für das gerade dieser Brief später ein klassisches Beispiel wurde.

Sulpicius hatte sich von dem bereits erwähnten Zusammenbruch (s. S. 58) erholt und hatte sogar unter Caesars Diktatur ein Amt übernommen, das des Statthalters der Provinz Achaea, wie ein großer Teil Griechenlands unter römischer Herrschaft hieß. Das geschah keineswegs deshalb, weil er sich der Dikatur anbequemt hätte, er amtierte, wie man sagen könnte, trotz der Diktatur im Sinne des geregelten Ablaufes des staatlichen Lebens. Von der Diktatur selbst spricht er in diesem Brief in derselben Art, wie es Cicero tat, »Vaterland, Ehre, Würde«, alles sei einem durch sie entrissen worden. Er setzt Tullias Tod in Zusammenhang mit dem sonstigen Elend, das den römischen Staat befallen hat, und meint, dass er ihr vielleicht deshalb weiteres Leid erspart habe. Eine besonders schöne Passage betont die Vergänglichkeit auch von Großem dadurch, dass Sulpicius über ein Erlebnis bei einer Schiffsfahrt im Saronischen Golf berichtet: »Aus Asia zurückkehrend, befand ich mich auf der Fahrt von Ägina nach Megara. Da betrachtete ich rings die Landschaft. Hinter mir lag Ägina, vor mir Megara, zur Linken Piräus, zur Rechten Korinth, lauter Städte, die einst in hoher Blüte gestanden haben, und die wir jetzt zerstört am Boden liegen sehen. Da kam mir der Gedanke: ›Sonderbar! Wir Menschlein regen uns auf, wenn eines von unseren Lieben, deren Leben doch nur verhältnismäßig kurz sein kann, stirbt oder fällt, und hier liegen dicht beieinander die Trümmer so vieler Städte! Willst du dich nicht fassen, Servius, und daran denken, dass du als Mensch geboren bist?‹ Glaube mir, in diesem Gedanken habe ich nicht wenig Trost gefunden.« Wir heute mögen diesen Trost wohl eher als karg empfinden, aus Ciceros Antwort geht aber hervor, dass er ihm wirklich wohlgetan hat.

Cicero musste diesen auch den Umständen nach schrecklichen Tod, musste die Trauer eines Vaters um sein Kind und musste den Verlust der Person ertragen, die ihm besonders auch intellektuell nahestand. Aber er ertrug all das nicht nur, sondern es führte letztlich zu einer Steigerung seiner Schaffenskonzentration, die sich in seinen philosophisch-politischen Schriften ausdrückte. Es war eine ähnliche Entwicklung eingetreten wie in den Jahren des Dreibundes, weitaus intensiver noch dazu, nämlich eine Verlagerung seiner Tätigkeit von praktischer Politik zum Verfassen von nachdenklichen und anspornenden Büchern. Wieder zog er sich oft und dauerhaft zurück und schuf in einer Art anhaltenden Schaffensrauschs eine große Zahl von Prosawerken, vor allem rhetorischer und philosophischer Art. Man fragt sich gewiss, wie so viele in der kurzen Zeit von einem Jahr und innerhalb weniger Monate verfasst werden konnten. Das Inhaltliche ist verhältnismäßig leicht dadurch zu erklären, dass er mit all diesen Fragen von Jugend auf vertraut war und sich, wie es seiner Korrespondenz zu entnehmen ist, ständig weiterbildete; das Technische des schlichten Schreibens konnte durch mehrere Sekretäre und Schreiber bewältigt werden – aber zu all dem muss, wie jeder Verfasser eines Buches weiß, nicht wenig Nachdenken hinzukommen, und das kann bei Cicero nicht oder nur durch die Tatsache selbst erklärt werden, dass er von Kindesbeinen an ein ganz besonders begabter Mensch gewesen ist.

Als Erstes nahm Cicero eine Arbeit in Angriff, die die gesamte griechische Philosophie vom Standpunkt des hellenistischen Platonismus darstellen sollte. Ihre Entstehungsgeschichte und ihre Überlieferung sind verwickelt, außer dem heute verlorenen *Hortensius* hat sie im Vergleich zu den nachfolgenden Werken weniger gewirkt. Zunächst waren es drei Dialoge, die die Namen des Hortensius, des Lucullus und des Catulus trugen, und bei denen Cicero selbst nur als Zuhörer fungierte. Sie wurden in das Jahr 62 verlegt, das Jahr nach Ciceros Konsulat, und fanden auf verschiedenen Landsitzen am Golf von Neapel statt. Im Mai 45 war Cicero fertig, arbeitete sie aber auch deshalb um, weil Lucullus, den wir als Vorgänger des Pompeius im Osten kennengelernt haben, und Quintus Lutatius Catulus, der Cicero 63 zum Vater des Vaterlandes ausgerufen hatte, zwar als kultivierte Herren, aber nicht als Kenner der Philosophie bekannt waren; daher wurden sie durch Atticus und den Universalgelehrten Marcus Terentius Varro ersetzt. Die Dialoge hießen nun *Akademische Bücher – Academici libri*; sie sind vor allem von philosophiegeschichtlicher Bedeutung.

Sehr viel wirksamer, gut erhalten und für Ciceros Biografie aufschlussreicher sind die fünf Bücher *Über das höchste Gut und das größte Übel, De finibus bonorum et malorum*, die Ende Juni 45 fertig waren und wieder Brutus gewidmet sind. Sie stellen die Ethik der drei philosophischen Richtungen des Epikureismus, des Stoizismus und der Akademie vor, von Vertretern dieser Lehren in der Diskussion mit Zuhörern, darunter Cicero, – und das Bemerkenswerte, ja Provozierende ist, dass und wie wesentliche Teilnehmer in prononcierter Gegnerschaft zu Caesar standen: Die Lehre Epikurs wird in den ersten beiden Büchern auf Ciceros Landsitz bei Cumae von Lucius Manlius Torquatus vorgetragen, ein Zuhörer ist Gaius Valerius Triarius. Torquatus kämpfte in Nordafrika gegen Caesar und beging nach der Schlacht von Thapsus Selbstmord, Valerius fiel bei Pharsalos auf der Seite des Pompeius. In den folgenden beiden Büchern, die in Ciceros Tusculanum spielen, vertritt den Stoizismus Cato in der Diskussion mit Cicero, und das fünfte Buch spielt im Jahr 79 in Athen, als einige junge Leute, darunter Cicero, Quintus und Atticus einen Spaziergang durch die Stadt zu Platons Lehrstätte, der Akademie am Kerameikos machen – angemessener Weise wird deren Lehre behandelt durch Marcus Pupius Piso, Konsul 61.

Die menschliche Glückseligkeit wird in Ciceros Haus in Tusculum, also in den *Gesprächen in Tusculum, Tusculanae disputationes*, in fünf Büchern wieder nach einzelnen philosophischen Schulen diskutiert. Diesmal von Cicero selbst, gefragt von Brutus, dem auch dieses Buch gewidmet ist; es ist im Sommer 45 beendet. Dieses Buch ist eines von denen, die in der Folgezeit am häufigsten gelesen wurden. Ebenso wird die Frage *Vom Wesen der Götter, De natura deorum*, nach epikureischen, stoischen und akademischen Gesichtspunkten erörtert, in den drei unter diesem Thema zusammengefassten und – wen wundert es? – Brutus gewidmeten Dialogen; Cicero hört zu, am gewichtigsten ist der Beitrag von Gaius Aurelius Cotta, Konsul 75, in dessen Haus die Dialoge stattfinden; im August 45 ist das Werk beendet. *Cato über das Alter, De senectute*, folgt Anfang 44, es ist Brutus gewidmet. Kurz nach Caesars Ermordung erschienen dann die beiden noch vorher verfassten Bücher *Über die Weissagung, De divinatione*, ein in Tusculum zwischen den Brüdern Marcus und Quintus geführtes Gespräch darüber, ob das Voraussagen der Zukunft möglich sei.

Nur genannt werden sollen schließlich weitere kleinere Schriften im Rahmen bisheriger Arbeiten wie *Über das Schicksal – De fato* – oder *Laelius über die Freundschaft – De amicitia* –, um gleich zu einem sehr erklärungsbedürftigen Faktum überzugehen: Natürlich wird Caesar gemerkt haben – es ist durchaus möglich durch eigene Lektüre, auf jeden Fall aber dadurch, dass es ihm hinterbracht wurde –, dass die Bücher in absolut unübersehbarer Weise sämtlich neben dem Philosophischen, das in diesem Buch vernachlässigt werden musste, vom Standpunkt erbitterter Opposition geschrieben und von deren Vertretern vorgebracht wurden. Trotzdem ließ Caesar Cicero in Frieden – warum? Ausschließen kann man natürlich, dass er all das für ungefährliches Geschreibsel hielt. Es wird wohl deshalb geschehen sein, weil er zum einen große Hochachtung vor Cicero hatte, und zum anderen, weil dessen Verfolgung seine Herrschaft gefährdet hätte; rätselhafter ist, dass Brutus weiterhin in Gunst stand. Ja, Caesar hielt nach wie vor die herzlichen persönlichen Beziehungen zu Cicero aufrecht, besuchte ihn sogar im Dezember 45 in seinem Landhaus in Cumae. Die Unterhaltung zwischen diesen beiden hochgebildeten, kenntnisreichen, ungewöhnlich fähigen und die Sprache virtuos handhabenden Männern war nach wie vor anregend, allerdings wurde die Politik beiseitegelassen; zudem kam der Diktator mit 2000 Mann Gefolge, die verpflegt werden mussten. Ciceros Bilanz war daher: Einmal reicht, denn das war kein Besucher, zu dem man sagt »Komm doch wieder!«.

Tyrannenmord

Caesar leistete sich schließlich zu viel. Mit der Ernennung zum Diktator auf Lebenszeit und der Entrückung in göttliche Sphären hatte er seine Provokationen zu weit getrieben. Die Unrast und Empörung unter vielen Senatoren hatte einen Punkt erreicht, an dem gehandelt werden musste. Selbst der zögernde und vielleicht noch Illusionen hegende Brutus bekehrte sich zur Tat. Tat bedeutete nach den Vorstellungen der Beteiligten: Tötung des Tyrannen, der Tyrannenmord.

»Cicero!«

Auch Cicero war dieser Ansicht. Zwar war er an der darauf zielenden Verschwörung nicht beteiligt; nicht etwa, weil er anderer Ansicht oder zu schwatzhaft gewesen wäre, sondern weil es bei einer Zahl von etwa 60 Verschwörern jüngeren Alters hätte leicht durchsickern können. Am wenigsten kompromisslos war Gaius Cassius Longinus, anders als Brutus temperamentvoll und so mutig, dass er in letzter Zeit sogar gegen Ehrenbeschlüsse für Caesar gestimmt hatte. Er hatte – richtigerweise – mit Caesar auch dessen Gehilfen und augenblicklichen Mitkonsul Markus Antonius und den zwielichtigen Marcus Aemilius Lepidus töten wollen.

Dann war es so weit, am nächsten Tag, dem 16. März, wollte Caesar zu einem Feldzug ins Partherreich aufbrechen, es war die letzte Möglichkeit zu handeln. Caesar fiel von 23 Messerstichen getroffen und sank wortlos in sich zusammen. Brutus, und das ist gut belegt, riss seinen Dolch in die Höhe und rief: »Cicero!« Das bedeutete, dass die Tat im Sinne Ciceros gewesen sei, sowohl was die Einschätzung der Herrschaft Caesars als Tyrannis betraf, als auch hinsichtlich der republikanischen Werte, die Cicero in seinen Schriften schon seit langer Zeit verkündet hatte; und wirklich jubelte er über diese herrliche Tat, die ganz seinen Absichten entsprach: Die Attentäter waren »Helden«, die das Notwendige »herrlich und ruhmreich« vollendet hatten. Sofort wurde er von ihnen herangezogen und trat mit ihnen zur Beratung zusammen.

Ganz so naiv wie sie oft dargestellt wird, war die Tat nicht. Man wusste schon, dass es nicht reicht, bloß den Tyrannen zu töten, daher war vorgesehen, dass Brutus sich mit einer Ansprache an den Senat wenden solle. Was nicht einkalkuliert war, war die Panik, die ausbrach und die die Senatoren in alle Winde fliehen ließ. Die Attentäter konnten vorerst nichts tun als über das Forum zu ziehen und den Namen Ciceros zu rufen. Nicht nur sie waren kopflos, die bisherigen Stützen des Regimes waren es auch, allen voran Caesars Mitkonsul Marcus Antonius, dem Caesar an sich nicht allzu viel zutraute. Antonius war, obwohl der Enkel des bedeutenden Redners, ein großer Womanizer und ein eher ungehobelter Liebling der Soldaten, denen er in seiner Lebensführung peinlich nahestand; jene Bankett-Nachbarin Ciceros, Cytheris, wurde seine Geliebte, er führte sie herum und prunkte mit ihr. Immerhin war er jetzt der einzige einigermaßen legitime Inhaber staatlicher Macht und der militärischen Kommandogewalt. Dennoch wusste auch er nicht so recht, was zu tun war, es gab ein wochenlanges und unübersichtliches Hin und Her.

Ein Student tritt auf

Da trat ein wahrlich unvorhersehbares Ereignis ein. Caesar hatte außer seiner Tochter Iulia, die im Jahr 54 gestorben war, keine Kinder. Sein nächster männlicher Angehöriger war ein in Ciceros Konsulatsjahr 63 geborener Sohn einer Nichte, also ein Großneffe zweiten Grades namens Octavius. Dieser Octavius war auf dem Weg zu seinem Studienort Athen schon in Griechenland, als er vom Tod seines Großonkels hörte; er wusste wohl schon, dass er von Caesar testamentarisch zum Erben eingesetzt und adoptiert war. Sofort drehte er um. Er war jetzt der Sohn Caesars und hieß auch so, Gaius Iulius Caesar, aus octavischem Geschlecht, Octavianus, und erschien im April in Italien. Plötzlich hatte Antonius einen Konkurrenten um die Gunst der Soldaten, es gab schon Truppenteile, die sich dem Sohn ihres großen Chefs zuwandten und nicht bloß einem zufälligen Stellvertreter. Daher war es nicht ohne Logik, dass der junge Caesar sich nicht Antonius anschloss, sondern den neuen Herren, die in Cicero die allseits respektierte Führungsperson hatten. Der junge Mann begegnete dem alten früheren Konsul mit großer Ehrerbietung, sehr zu dessen Behagen. Dass er sich damit gleichzeitig an die Seite der Mörder seines Vaters begab, konnte vorerst weniger ins Gewicht fallen.

Dennoch ging das Gezerre weiter, über Monate, am besten, ja unterhaltsamsten sichtbar in einem Erlebnis, das Cicero selbst, immer noch verdutzt, seinem Freund Atticus mitteilte. Er hatte bei einer der vielen Zusammenkünfte der Caesar-Attentäter Monate nach dem Anschlag einen Vorschlag dazu gemacht, wie man mit einem ungünstigen Senatsbeschluss verfahrenen solle, da brach es aus Servilia, der Mutter des Brutus, heraus: »Also so etwas habe ich ja noch nie gehört!« Ciceros Vorschlag sei Unsinn, vielmehr werde sie dafür sorgen, dass der Senatsbeschluss rückgängig gemacht werde. Cicero schwieg, was selten vorkam. Servilia war aber auch eine ungewöhnlich eindrucksvolle Dame. Es gab das Gerücht, sie sei eine der vielen Geliebten Caesars, Brutus daher Caesars Sohn gewesen; diesen zweiten Punkt müssen wir wegen Unüberprüfbarkeit auf sich beruhen lassen, den ersten möchte man wegen der beiden starken Charaktere gerne glauben. In Ciceros Briefwechsel wird Servilia von verschiedenen Seiten mit zahlreichen Ausdrücken ehrfurchtsvollen Klanges beschrieben, und Brutus folgte so oft ihrem Rat, dass es einmal von ihm hieß, »Brutus, das heißt Servilia«. Auch hinsichtlich des unerwünschten Senatsbeschlusses zeigte sich ihr politisches Kaliber; sie hatte so viele und wesentliche Verbindungen zu Senatoren, dass er, wie sie sofort ankündigen konnte, aufgehoben wurde. Weitere Ungewissheiten können übergangen werden, das Schicksal der Caesarmörder blieb ungewiss, Cicero war dabei, Italien zu verlassen, als die Entwicklung allmählich wieder eine neue Richtung nahm.

Kopf in den Sternen – tödlicher Fall

Geplänkel

Auf Nachrichten aus Rom meinte Cicero, es formiere sich endlich Widerstand gegen Antonius. Piso hatte eine deutliche Rede gegen Antonius gehalten, Cicero lobte ihn – ausgerechnet den Mann, den er wegen seines Verhaltens bei seiner eigenen, Ciceros, Exilierung so zügellos angegriffen hatte – daher über die Maßen: unter anderem, er habe eine zu Recht allseits gerühmte Rede gehalten und er, Cicero, wolle »ihm nacheifern, um jedenfalls ein beredtes Zeugnis für die Ergebenheit zu hinterlassen, die [er] ihm gegenüber stets bekundet habe«. Stets bekundet! Man traut seinen Ohren nicht!

Cicero kehrte um. Zwar war es vorerst doch nicht so weit, doch konnte er in diesen Monaten sein letztes großes Buch schreiben, das mehr als viele andere bis in die Neuzeit gewirkt hat: Ein Lehrbuch der Ethik, *Über die Pflichten – De officiis*. Gewidmet ist es, fast liest man es erleichtert, nicht mehr Brutus. Das war nach der Ermordung Caesars ja nun nicht mehr nötig. Der Adressat ist Ciceros Sohn Marcus, der, wie sein Vater seinerzeit, in Athen studierte und etwa dieselben Wege ging wie dieser, gemäß Buch 5 von *De finibus*, im Jahr 79. Um bei den

Eingangsworten Rührung zu empfinden, muss man nicht selbst Vater eines Sohnes sein; Cicero empfiehlt hier dem Sohn seine Lebensleistung an und schließt mit folgenden Worten: »So lebe denn wohl, mein Cicero, und glaub mir, dass du mir sehr lieb bist – noch lieber, wenn du dich an diesen Schriftwerken und Lehren freuen solltest.«

Fein allerdings ist es nicht, was er über Caesar sagt. Die Schmähungen, mit denen er den nun toten Diktator bedenkt, klingen, sagen wir, altmodisch, denkbar unedel. Es ist beispielsweise von der »Skrupellosigkeit« Caesars die Rede, »der alle göttlichen und menschlichen Gesetze außer Kraft gesetzt hat, um die Machtposition zu erlangen, die er sich selbst in einem Anfall von Wahnsinn vorgestellt hatte, von seiner Gier nach Ämtern, Ehren und Ruhm«; dass Caesar schlimmer gehandelt habe als Sulla mit den Proskriptionen, denn davon seien nur »einzelne Personen betroffen« gewesen, unter Caesar »ganze Provinzen und Regionen«. Daher ist es »gemäß der Natur, diesen Tyrannen zu töten und diese Verderben bringende und gottlose Brut völlig aus der Gemeinschaft der Menschen auszuschalten«. Das ist, milde gesagt, sehr unpassend gegenüber demjenigen gesagt, mit dem man noch kurz vor seiner Ermordung so heiter zusammen war und der so nachsichtig gegen einen gewesen ist. Ist es aber, vielleicht abgesehen von der uns fremden Wortwahl, wirklich ganz falsch? Kennen wir, die wir besonders im Westen Deutschlands seit Jahrzehnten in einem rechtsstaatlichen und wohlhabenden Phäakenland gelebt haben, die Lage derjenigen so gut, die in Unfreiheit gelebt haben? Hatte nicht auch Deutschland den Versuch eines Tyrannenmordes erlebt? Haben wir uns das unter die Haut gehen lassen, was die Landsleute empfunden haben, die sich erst im Herbst 1989 haben befreien können? Ein paar Worte mehr dazu am Ende dieses Buches.

Im Herbst 44 gab es positive Nachrichten vom jungen Caesar, und Antonius beging den großen Fehler, gegen den loyalen Republikaner Decimus Iunius Brutus zu ziehen und ihn in Mutina zu belagern. Das war die Initialzündung dafür, dass der römische Staat zusammen mit Caesar Octavianus nun energisch gegen Antonius vorging. Cicero rief in einer zündenden Rede dazu auf, die jetzt zusammen mit anderen als *Philippische Reden* zusammengefasst wurden, benannt nach Reden des Atheners Demosthenes gegen Philipp II., den Vater Alexanders des Großen. An diesen insgesamt 14 Reden ist genau das Auf und Ab der jeweiligen militärisch-politischen Situation abzulesen, vor allem aber, dass Cicero einerseits jetzt der unangefochtene, führende Politiker Roms war, andererseits aber innerhalb eines Staates, wie er ihn immer angestrebt hatte, der nämlich auf dem freien Wort und der offenen Auseinandersetzung beruhte.

Sollte man nur militärisch vorgehen? Oder es doch noch einmal mit Friedensgesprächen mit Antonius versuchen? Nun muss zum letzten Mal von Servius Sulpicius Rufus die Rede sein, der uns und Cicero seit der Rede für Murena im Jahr 63 begleitet hat, politisch mit ihm eines Sinnes, im Einzelnen selbstständig denkend und handelnd. Es stellte sich nämlich die Frage, ob es Sinn habe, um des lieben Friedens willen doch noch einmal Verhandlungen mit Antonius aufzunehmen, oder ob nach dessen Verhalten und bei dessen Veranlagung so etwas von vorneherein sinnlos sei. Cicero war – anders als zunächst im Bürgerkrieg Caesars, was ihm auch vorgehalten wurde, – strikt dagegen, Sulpicius aber meinte, man müsse noch einen Verhandlungsversuch machen.

Daher ging er trotz einer Krankheit mit einer Gesandtschaft auf den Weg zu Antonius, erlag ihr aber gleich nach Ankunft. In der *Philippischen Rede* 9 würdigte Cicero Sulpicius und stellte zum Abschluss den Antrag, ihn wegen seiner Verdienste zu ehren und ihm ein Standbild zu errichten, das auf der Rednertribüne am Forum aufgestellt werden solle. In der Rede heißt es unter anderem, und diese Sätze, wie die ganze nicht sehr lange Rede überhaupt, bezeugen neben den Verdiensten des Verstorbenen vor allem die Noblesse Ciceros gegenüber einem Freund, mit dem er ohnehin nicht immer einer Meinung war und der zudem gerade jetzt gestorben war, als er gegen Ciceros Willen handelte: »So hielt ihn nichts zurück: nicht die Härte des Winters, nicht der Schnee, nicht die weite Entfernung, nicht der schlechte Zustand der Straßen, nicht die sich verschlimmernde Krankheit, und als er schon an den Ort der Zusammenkunft gelangt war, da schied er mitten in der Sorge und im Bedenken, wie er seine Aufgabe erfüllen könne, aus dem Leben ... Stets werden seine Festigkeit, Ausdauer, Treue, seine beispielhafte Sorgfalt und Umsicht, wenn es um den Schutz des Staates ging, bei allen Sterblichen preisende Erwähnung finden ... bewundernswerte, ja unglaubliche und geradezu göttliche Könnerschaft bei der Auslegung von Gesetzen und bei der Suche nach gerechten Entscheidungen ... Denn er war nicht nur Kenner des Rechts, sondern ebenso sehr auch der Gerechtigkeit.«

Inzwischen gab es lange Auseinandersetzungen darum, was mit Provinzen in West und Ost geschehen solle – auf welcher Seite standen die jeweiligen Statthalter? Welche Provinzen – Griechenland, Makedonien, Africa (= Nordafrika), Asia (= Kleinasien), Syria – sollte wer bekommen; welche sollten unter den Caesarmördern insbesondere Brutus und Cassius bekommen? Syria wurde zunächst Dolabella zugesprochen, und das soll jetzt der Anlass dafür sein, dessen schlimme weitere Geschichte zu erzählen. Nach Tullias Tod behielt Cicero, was bis heute jeden wundert, der damit befasst ist, ein herzliches Verhältnis zu diesem Mann, der seine Tochter zu ihren Lebzeiten unglücklich gemacht hatte und mittelbar auch an ihrem Tod schuld war. Nun sieht es zwar so aus, als ob einige Quellenzeugnisse, die diesen Eindruck erwecken, nicht richtig interpretiert wurden, aber seltsam bleibt dieses Verhalten Ciceros auch dann – oder sollten wir nicht besser sagen, dass wir für ein befriedigendes Verständnis einfach zu wenig wissen? Dieser etwas hilflose Ausweg versagt aber doch wohl im Fall von Ciceros weiterem Verhalten.

Als noch von Caesar bestimmter Konsul war Dolabella nach dessen Ermordung allerseits akzeptiert worden, leistete sich aber ein befremdliches Fehlverhalten, auf das Cicero noch weitaus befremdlicher reagierte. Im April 44 gab es nämlich einen gewalttätigen Aufruhr des Mob auf dem Forum, Dolabella schlug ihn nieder, das aber so blutig und seinerseits brutal und zügellos, dass selbst Caesargegner zumindest die Augenbrauen hochziehen mussten. Nicht so Cicero. Er schrieb Dolabella einen begeisterten Brief, fand ihn ganz wunderbar, verglich dessen Schandtat nicht nur mit den Taten der homerischen Helden, sondern stellte ihn, noch nie dagewesen, sogar über seine eigene Heldentat bei der Catilinarischen Verschwörung – und hier ist der Punkt gekommen, an dem ein Historiker am besten daran tut, Hilflosigkeit und Nichtverstehenkönnen zu erklären.

Schließlich geschah etwas Furchtbareres, aber, meine ich, nunmehr doch auch einfach zu Verstehendes. Als bei dem Geschachere um die Provinzverteilung Dolabella Syria bekommen hatte und im Herbst 44 dorthin reiste, kam er nach Asia, in die frühere Provinz von Quintus Cicero, und verlangte von deren jetzigem Statthalter Gaius Trebonius die Staatskasse. Das war ein früherer Unterfeldherr Caesars, der sich vor Kurzem rührend um Ciceros in Athen studierenden Sohn Marcus gekümmert hatte. Natürlich verweigerte Trebonius diese einem Raub gleichkommende Forderung mit einem Ergebnis, das Cicero, nun sehr anderen Sinnes, in der 11. *Philippica* so schildert: Dolabella verhörte Trebonius »unter Geißelhieben und Foltern wegen der Staatskasse, und zwar zwei Tage lang. Dann, nachdem man ihm das Genick gebrochen hatte, schnitt er den Kopf ab und ließ ihn auf einem Spieß befestigt umhertragen; den Rest der Leiche, abgeschürft und zerfetzt, warf er ins Meer.«

Macht man sich der Inhumanität schuldig, wenn man sagt, das und die darauf folgenden weiteren Grausamkeiten seien einfach zu verstehen? Zum einen dürfte es noch weniger human sein, in einem solchen Verhalten Restbestände von Rationalität zu entdecken, und zum anderen ist es doch eine nicht allzu fern liegende Erklärung, einfach die Augen aufzutun und zu sehen, wie sehr ein solches Verhalten den Taten entspricht, die Cicero in seiner Jugend erlebt hat, ja auch der Tat, der er dann bald darauf selbst zum Opfer fiel. Nimmt man die Wirrnisse der letzten Jahre hinzu, dann ist die Bestialität Dolabellas nichts, was einer zusätzlichen Erklärung außer eben dieser Bestialität bedarf.

Minderen Ranges ist dann die psychologische Situation Ciceros, der ja irgendwie darauf eingehen musste, dass dieser üble Geselle sein hochgeschätzter Schwiegersohn gewesen war; was blieb ihm anderes übrig als zu sagen, er habe das nicht bemerkt. Hatte er ja auch wohl wirklich nicht, umso schlimmer für seine Urteilskraft. Schließlich bekam Cassius Syria und erhielt den Auftrag, Dolabella zu bekämpfen, er schloss ihn in Laodikeia ein, Dolabella verübte Selbstmord.

Entscheidung

Cicero musste werben, musste ringen, schreiben, reden, verhandeln, Abstimmungsniederlagen einstecken, und er blieb doch derjenige, auf den es vor allem ankam. Schließlich ein militärischer Erfolg: Antonius wurde bei der Belagerung Mutinas geschlagen, und schien besiegt zu sein – in Rom wurde gefeiert –, aber zum einen starben die beiden Befehlshaber des staatlichen Heeres, die seit Jahresbeginn noch von Caesar eingesetzten, dennoch wackeren Konsuln Aulus Hirtius und Gaius Vibius Pansa, der eine fiel tapfer im Kampf, der andere erlag seinen Verletzungen. Und zum anderen gab es nun die letzte Überraschung in Ciceros an Windungen nicht armem Leben.

Ganz unten

Es trat das ein, was schon lange in der Logik der Dinge gelegen hatte. Octavian war es leid, an der Seite der Mörder seines Vaters und als minderberechtigter Befehlshaber von republikanischen Truppen zu agieren. Er wollte die ganze Macht, er wollte das Konsulat, er ging zu Antonius über.

Ende Juli 43 erschienen im Senat 200 Zenturionen, Subalternoffiziere des jungen Caesar, zusammen mit einer entsprechenden Anzahl Soldaten. Sie schlugen auf ihre Schwerter und drohten, diese Waffen würden Caesar (Octavian) das Konsulat verschaffen, wenn der Senat nicht eindeutig erkläre, er solle es bekommen. Cicero äußerte sich, nach der Überlieferung, irgendwie ironisch, der Senat, keineswegs zuständig, sagte »Ja«. Das sollte er in der Zukunft noch oft tun. Octavian und Antonius kamen zusammen, berieten und beschlossen ostentativ Maßnahmen, die die schlimmsten Erinnerungen an Sulla weckten. Sie ließen sich und einen irrelevanten Dritten zu »Dreimännern zur Wiederherstellung des Staates« – *tresviri rei publicae constituendae* – wählen und setzten Proskriptionslisten auf. Was Cicero seit seiner Jugend bedrückt hatte, war eingetreten. Alle Scheu vor dem planlosen Blutvergießen Cinnas und dem planvollen Sullas war gewichen, man mordete offiziell und im großen Stil, sogar altrömisch drapiert: »Es muss gestorben werden«, *moriendum est*, so der Jüngling Octavian.

Ob die Initiative nun bei ihm lag oder doch eher bei Antonius, der von Cicero in den *Philippischen Reden* hart angegangen worden war, jedenfalls wurde Cicero – mit Bruder und Neffen – auf eine solche Liste gesetzt. Er wollte zu Schiff fliehen, wurde von einem militärischen Mordkommando angehalten, steckte den Kopf aus der Sänfte, der wurde sofort abgeschlagen und dann zusammen mit seinen ebenso abgehackten Händen zum Spott auf die Rednertribüne auf dem Forum Romanum ausgestellt. Fulvia, die Ehefrau des Antonius soll mit ihnen herumgespielt haben. Hoffentlich trifft diese Nachricht nicht zu, oder dann wenigstens die, dass dieses widerwärtige Vorgehen Unmut bei der Bevölkerung erregt habe.

Seht nur, ein Mensch!

Sehen – ja

Im Capitolinischen Museum in Rom steht er, Cicero, eine steinerne Büste aus der Kaiserzeit (s. S. 92): kraftvoll, Blick in die Weite, alles im Griff, der große Redner und zupackende Politiker wie er leibt und lebt – dazu vielleicht ein Hauch Melancholie, er kennt ja die Welt! In der Antikensammlung am Münchner Königsplatz ist er auch, bei der Kleinkunst, gegenüber der Glyptothek mit den großen Skulpturen: Ein Terracottaköpfchen, unterlebensgroß, lebendig, vielleicht sogar weich, er blickt einen an, das Gesicht ist nachdenklich, er spricht zu einem, wohl eher leise (s. S. 93). Das kleine Porträt ist sympathischer, das große ist eindrucksvoller, und in beiden Fällen ist er es, Cicero.

Hören – leider nein

Von seiner Statur weiß man nichts Besonderes, und natürlich kennt man, wie bei allen Personen der vorindustriellen Zeit, seine Stimme nicht – erst kürzlich ist ein kurzes Phonogramm

Otto von Bismarcks aufgetaucht, man kann vielleicht einen Eindruck von dessen heller Stimme bekommen, aber selbst heute wird eine Stimme selten beschrieben. Auch helfen Ciceros zahlreiche Worte über den guten Redner nicht viel weiter, sie betreffen Inhaltliches. Gewiss musste er – wie alle anderen Anwälte und Politiker auch – gehört werden können, wozu eine tragende Stimme und eine funktionierende Akustik gehört, aber dass beides so war, kann zumeist ohne Weiteres erschlossen werden; das Theater von Epidauros in Griechenland ist ein frappierendes Beispiel für wundervolle Akustik, man hört jedes Wort. Freilich war das Reden anstrengend und eine auch körperliche Strapaze, man musste ständig in Bewegung sein, die Zuhörer, Volk, Senatoren, Richter beeindrucken, auch mit den Händen arbeiten – nicht allzu sehr, Fuchteln schadet!, warnten die Rhetorikexperten –, und immerhin wissen wir gerade von Cicero, dass seine körperliche Verfassung zunächst zu wünschen übrig ließ. Noch als Mittzwanziger musste er seinen Beruf zeitweise aufgeben und in Griechenland Rhetorikübungen absolvieren, die sich auch auf die Gesundheit bezogen; Ärzte hatten sogar gemeint, er werde nie in der Lage sein, als Redner aufzutreten. Wie gut, dass sie sich geirrt haben.

Gefühle

Cicero war ein Mann starker Empfindungen, und das dürfte ihm als Redner zugutegekommen sein; eines der Erfordernisse der Rhetorik war ja, den Zuhörern seine innere Anteilnahme an dem Gesagten glaubhaft zu vermitteln. Normalerweise hatte er seine Gefühle im Zaum, manchmal aber nicht. Das maßlose Schimpfen auf Gegner, die Redefigur der *diabolé*, der Ver-

Cicero: Marmorbüste, heute in den Kapitolinischen Museen in Rom.

Cicero: Das Terrakottaköpfchen ist nur 13,5 Zentimeter hoch. Heute in der Münchner Antikensammlung.

Cicero lebt – doppelt und dreifach!
In römischer Bezifferung

I. Es bleibt dabei: In England haben die Autoren die größte Begabung für Sachbücher. Tom Hollands lebendiges, gut zu lesendes und – besonders wichtig! – zutreffendes Buch über die späte römische Republik ist das beste denkbare zu diesem Thema; Holland gewichtet gut und räumt Cicero den ihm zukommenden Platz ein. Zum Bewundern und zum ruhigen, informativen Lesen.
II. Robert Harris: Wäre man nicht schon bei Tom Holland in die Knie gesunken, dann täte man es hier. Natürlich, es weiß keiner, auch Harris nicht, was Dolabella zu Cicero sagte oder wen Atticus anlächelte, es sind ja Romane – aber zu verschlingende und in der Sache verlässliche.

leumdung ohne Rücksicht auf die Tatsachen, muss ihm leichtgefallen sein, der Verdacht liegt nahe, dass er froh über die von der Rhetorik legitimierte Möglichkeit war, einmal richtig vom Leder zu ziehen. Gelegentlich bekam er in der Öffentlichkeit Wutanfälle, echte, nicht taktische, und dass seine unmäßige Verzweiflung im Exil und seine Trauer um Tullia Befremden erregte, haben wir schon gehört. Beides gehörte ja dazu, dass er seine kleine Familie besonders innig liebte.

Eine Liebe anderer Art betraf sein Verhältnis zu Rom, zum, vielleicht darf ich mich einmal altmodisch ausdrücken, Vaterland. Welche Begriffe findet er zum römischen Charakter, ernst gemeinte, nicht kitschig-lobhudelnde, schon gleich zu Beginn der Gespräche in Tusculum: Ernsthaftigkeit, Beharrlichkeit, Seelengröße, Anstand, Verlässlichkeit, Tüchtigkeit.

III. Jörg Fündling: Wie sehr hatte Manfred Fuhrmann Recht, als er Asterix den »geheimen Miterzieher« nannte. Geheim aber ist er schon lange nicht mehr. Und Spaß macht es nachzusehen, wann das in den Bänden Geschilderte stimmt und wann nicht. Fündling hilft in *Asterix. 100 Seiten* (Stuttgart 2016) und ist verlässlich. Aber Cicero finden wir bei Asterix nicht – er war ja weder heroisch noch komisch –, wohl aber hören wir ihn; die berühmtesten Aussprüche sind: *O tempora, o mores!* – »Was für Zeiten, was für Sitten!« (aus der zweiten *Rede gegen Verres* und aus der ersten *Catilinarischen Rede*), gleich auf der ersten Seite von *Asterix und der Arvernerschild*, und *Summum ius, summa iniuria* – »Striktestes Recht kann höchstes Unrecht sein« (aus der Pflichtenlehre, *De officiis*), auf S. 31 von *Obelix auf Kreuzfahrt*.

Die Schattenseiten kannte er, wahrlich er, umso heller hebt sich auf deren Hintergrund das eigentlich Römische ab. Und so auch die Liebe zur Republik, zu den Institutionen, ja, zum Staat, obwohl ein früherer Bundespräsident einmal unter Beifall meinte, er, der Präsident, liebe seine Frau, nicht den Staat. Ciceros Staat, dem seine Liebe gilt, ist der historisch gewachsene, dessen Hauptcharakteristikum die Offenheit ist, die öffentliche Sache, die *res publica*, die Freiheit. Es ist keine Romantik, sondern Einsicht, wenn er in *Vom Redner*, *Vom Staat*, später im *Brutus* dieses lebendige öffentliche Leben liebevoll zeichnet, wie hätte er sonst Caesar ins Gesicht sagen können, er beklage das unter dessen Herrschaft eingetretene Ende der Institutionen Forum und Gerichte?

Romantik nicht, aber andere Fehler hatte er mehr als genug. Vor allem diesen: Er war manchmal zu laut. Er neigte zum zu lauten Jammern, zur zu geräuschvollen Trauer, zum penetrant prahlenden Selbstlob; vielleicht hätte sogar Goethe davor kapituliert, der doch verständnisvoll gedichtet hatte: »Selbstlob! Nur dem Neide stinkt's. Wohlgeruch Freunden und eignem Schmack.« Aber es scheint genau das zu sein, diese Kombination von lautem Klagen und sich spreizendem Angeben, die vielen auf die Nerven ging, damals wie später. Wir hatten oben von Zeitgenossen gehört, jetzt ein paar spätere Beispiele. Im 14. Jahrhundert war Francesco Petrarca erschüttert, als er in den Atticus-Briefen lesen musste, dass sein Held der *Gespräche in Tusculum* und der Pflichtenlehre ganz gewöhnliche Anwandlungen von Schwäche und Hilflosigkeit zeigte; im 19. Jahrhundert donnerte selbstgerecht der große Theodor Mommsen, Cicero sei ein Mann »ohne Ansicht, Einsicht und Absicht« gewesen; Friedrich Nietzsche überging ihn verächtlich, und der zum Pathos neigende Rudolf Borchardt warf ihm »klägliche Advokatenexerzitien« vor.

Hat sich selbst zum besten

Aber, welche Erleichterung, diese nicht falschen aber gnadenlosen Aburteilungen werden durch zweierlei mehr als ausgebügelt. Das eine ist Ciceros Selbstironie. Noch einmal Goethe: »Ich liebe mir den heitern Mann am meisten unter meinen Gästen. Wer sich nicht selbst zum besten haben kann, der ist gewiss nicht von den Besten.« Dass er, gewiss gelegentlich auch schallend, lachen konnte, hatten wir schon gehört, und das konnte er auch sich selbst gegenüber. Denken wir etwa daran, wie Cicero selbst den Senator schildert, der, womöglich auf dem Sitz hin und her rutschend, sein Eigenlob einfach nicht mehr ertragen konnte, oder denken wir an seinen lächelnden Bericht in einer späteren Rede: Auf der Rückreise von seiner sehr erfolgreichen Tätigkeit als Quästor auf Sizilien stellte sich in Gesprächen mit Gästen im Badeort Baiae heraus, dass, ganz anders als seine Erwartung, der Einzige, der davon wusste, er selbst war.

Mut

Dann, sehr ernst, Ciceros Mut. Mut, Cicero? War er nicht timide? Schwankte wie ein Rohr im Winde? Manchmal ja, er war ein Mensch. Aber, wenn es darauf ankam, war er mutig. Wie soll man es sonst nennen, dass er im Roscius-Prozess einen Günstling des Diktators Sulla auf die Hörner nimmt? Dass er im Verres-Prozess über das zum Teil korrupte Senats-Establishment siegt? Dass er bei der Catilinarischen Verschwörung zäh und unerschrocken gegen verdeckt agierende Helfershelfer kämpfte, siegte, aber schließlich ihnen doch zum Opfer fiel und ins Exil musste? Mut zeigte er in seinem Widerstand gegen den Dreibund – aber Mut ist nicht blinde Tollkühnheit: Als Cato sich weigerte, einen Eid auf ein Gesetz Caesars zu leisten, überredete ihn Cicero, es aus Klugheit doch zu tun, und sogar er selbst knickte schließlich doch vor den Machthabern ein, ein Don Quijote war er nicht. Aber schließlich: Welchen Mut erforderte es, den Dikator Caesar unablässig und überdeutlich in Wort und Schrift zu tadeln und anzugreifen! Das zeigte sich nach Caesars Ermordung: Die Angriffe auf Antonius waren im Wortsinn todesmutig. Sie brachten Cicero nicht nur, wie bei den Catilinariern, langfristig nur das Exil ein, sondern den schnell herbeigeführten Tod.

Epilog

Wenn es je einen Menschen der Vergangenheit gab, über den wir ungewöhnlich gut unterrichtet sind, dann war das Cicero. Er selbst spricht zu uns, heute noch, nach zwei Jahrtausenden. Er tut es in seinen Reden, in seinen Dialogen und Abhandlungen, in seinen Briefen. Sehr vieles zwar ist verloren gegangen, aber erhalten blieb eine solche Menge wie von keinem anderen Menschen vor dem Einsetzen des neuzeitlichen Quellenüberflusses. Er selbst veröffentlichte Reden und Schriften, anderes, so die Korrespondenz, wurde gesammelt, vor allem von seinem ehemaligen Sklaven und dann Freigelassenen Tiro, der zum Freund der Familie wurde – rund tausend Briefe sind noch erhalten, nur ein Bruchteil, aber ein gewichtiger, man soll nicht undankbar sein.

Das Paradoxe ist nun, dass gerade durch diese Fülle die Urteile über ihn sehr weit auseinander gehen, denn je mehr man weiß, desto mehr merkt man, wie viel fehlt; wenn wir etwa von Personen aus Ciceros Nähe einige Briefe haben, wird einem bewusst, dass alle anderen verloren gegangen sind. Auch daher reichen die Urteile vom gewissenlosen opportunistischen Schwätzer bis zum Heros der römischen Republik. Jedoch sind ohnehin die meisten dieser Urteile zeitgebunden und sagen manchmal mehr über denjenigen aus, der sie fällt und über dessen eigene Zeit als über ihren Gegenstand, und auf diese Weise kann aus lauter Abneigung gegen die preußisch-deutsche Adelsherrschaft im 19. Jahrhundert gemeint werden, dass derjenige ein guter Demokrat sein müsse, der wie Caesar gegen die Aristokratie seiner Zeit vorgeht, und derjenige ein lächerlicher Niemand wie Cicero, der sich gegen die Selbstherrlichkeit eines Einzelnen wehrt.

Da ist es vielleicht gut, dass auch eine knappe Darstellung wie die vorliegende den Standpunkt ausdrücklich benennt, von dem aus sie Cicero und sein Leben sieht. Ich bin mir nämlich dessen bewusst, dass ich ihn und seine Zeit insofern nach meinen heutigen Maßstäben miterlebe, als ich als Zeuge der mitteleuropäischen Ereignisse des 20. Jahrhunderts verschiedene Erscheinungsformen der Unfreiheit kennengelernt und den Wert der Freiheit erfahren habe. Allerdings dürfen auch die Erfahrungen des 19. Jahrhunderts nicht umsonst gemacht worden sein, das dazu neigte, allzu undifferenzierte und unhistorische Gleichsetzungen vorzunehmen. Meine zeitgenössischen Sichtweisen – Unfreiheit und Freiheit – historistisch reflektiert und relativiert zu Grunde zu legen scheint mir kein schlechter Ansatz zu sein.

Lektüretipps

Die wichtigsten Dialoge Ciceros sind zweisprachig bei Reclam erschienen, ebenfalls, mit weiteren, in der Reihe Tusculum.

Auch die Reden gibt es zu einem großen Teil bei Reclam, und die Übersetzungen von Manfred Fuhrmann werden immer wieder neu und in verschiedenen Verlagen aufgelegt.

Die Briefe erschienen zweisprachig in der Reihe Tusculum in der Übersetzung von Manfred Fuhrmann. Die Briefe an Atticus gibt es in Auswahl bei Reclam.

Klaus Bringmann: Cicero. Darmstadt 2010.

Matthias Gelzer: Cicero. Ein biographischer Versuch. Wiesbaden 1969.

Tom Holland: Die Würfel sind gefallen. Der Untergang der römischen Republik. Düsseldorf 2004

Wolfgang Schuller: Cicero oder Der letzte Kampf um die Republik. München 2013.

Hermann Strasburger: Ciceros philosophisches Spätwerk als Kampf gegen die Herrschaft Caesars. Hildesheim 1990.

Wilfried Stroh: Die Macht der Rede. Eine kleine Geschichte der Rhetorik im alten Griechenland und Rom. Berlin 2009 (Cicero S. 289–400).

Robert Harris hat Ciceros Leben in einer Roman-Trilogie verarbeitet; in deutscher Übersetzung: Bd. 1: Imperium. München 2008; Bd. 2: Titan. München 2011; Bd. 3: Dictator. München 2015.